KB149429

역사와 문화로 맛보는
스시와 사케 이야기

역사와 문화로 맛보는

스시와 사케 이야기

ⓒ 김지연, 2021.

2021년 1월 25일 초판 1쇄 펴냄

지은이 | 김지연
펴낸이 | 류수노

펴낸곳 | (사)한국방송통신대학교출판문화원
　　　　등록　1982년 6월 7일 제1-491호
　　　　주소　서울특별시 종로구 이화장길 54(03088)
　　　　전화　1644-1232
　　　　팩스　(02)741-4570
　　　　홈페이지 http://press.knou.ac.kr

출판위원장 | 이기재
기획 · 편집 | 김정규 · 김이수
디자인 | 프리스타일

ISBN 978-89-20-03917-1 04080
정가 8,900원

아로리총서 : 문화와 트렌드 - 7

역사와 문화로 맛보는
스시와 사케 이야기

김 지 연

지식의날개

스시와 사케, 부담없이 즐겨보자!

다양한 주류의 수입 개방과 해외여행, 먹방 등의 영향으로 세계 각지의 술과 음식을 접하게 되면서 식문화에도 많은 변화가 일어나고 있다. 이제는 개인의 취향이라는 영역은 아무도 침해할 수가 없는 이른바 '소확행'의 구역이 되었다. 또한 코로나19 사태 장기화로 '혼술'과 '혼밥' 문화가 낯설지 않게 되면서 개인의 취향을 한껏 존중할 수 있는 환경이 만들어졌다.

술을 마시기 위해 먹는 음식을 '안주'(按酒)라 하고 음식을 먹기 위해 마시는 술을 '반주'(飯酒)라 한다. 안주의 사전적 의미는 술을 마실 때 곁들여 먹는 고기나 나물 따위를 말하는데 안주의 한자 안(按)에는 '누르다, 어루만지다'라는 의미가 있다. 술을 누르는 역할을 말하나 보다. 반주는 끼니 때 밥에 곁들여서 한두 잔 마시는 술을 말하니 취향에 따라 혼술도 되고 혼밥도 될 수 있을 것 같다.

안주와 반주의 공통분모는 술이지만 다양한 술이 존재하기 때문에 술을 알고 마시기는 결코 쉬운 일이 아니다. 그러나 본인의 소소한 즐거움이 한잔의 술이라면 조금만 주의를 기울여 보자. 쉽게 자세하고 많은 정보를 얻을 수 있다. 비싼 술이라고 해서 무조건 나에게 좋은 술이 될 수 없으며 남이 좋다고 해서 무작정 따라 마실 수도 없는 일이다. "바다의 신 넵튠(Neptune)보다 술의 신 바쿠스(Bacchus)가 더 무섭다"는 말이 있다. 그것은 넓은 바다에 빠져 죽는 사람보다 작은 술잔에 빠져 죽는 사람이 더 많다는 우스갯소리겠지만 그만큼 술의 위험성을 경고하는 것이 아닐까?

스시와 사케를 공부하고 싶어도 한자가 많이 등장하여 걱정하는 독자가 많다. 그러나 너무 두려워할 필요는 없다. 주로 풍자나 익살이 특색인 일본 센류(川柳)에 다음과 같은 것이 있다. "寿司屋すしゃには漢字かんじの魚ぅぉが泳ぉよいでる. 초밥집에는 한자의 물고기가 헤엄치고 있다." 이처럼 일본사람들조차도 초밥집의 나무패에 적혀 있는 한자를 어려워했다. 생선의 이름을 모두 한자로 알 필요는 절대 없다. 본인이 좋아하는 생선의 이름 정도만 알아두면 충분하다.

사케의 마시는 법과 온도, 안주, 술잔 그리고 스시 먹는 법에 얽매여 먹고 마시는 즐거움을 감할 만큼 신경 쓰고 집착할 필요는 없지 않을까? 어디까지나 본인의 입맛대로 자유롭게 즐겁게 먹고 마시는 것이 이 두 가지를 즐길 수 있는 가장 중요한 요건이라고 생각된다.

이 책은 지극히 개인적인 취향으로 인해 사케와 스시를 좋아하는 한 사람으로서, 독자 역시 기본적인 정보만 알고 자유롭게 사케와 스시를 즐길 수 있기를 바라는 마음에서 감히 얕은 지식으로 쓴 것이다. 이 책을 읽는 독자에게 조금이나마 도움이 된다면 이보다 더 큰 기쁨은 없을 것 같다.

끝으로 당나라 때 시인인 백거이(白居易)의 "삶은 짧은 것이니 헛된 명예를 추구하지 말고 술이나 즐기면서 모든 것을 잊자"는 내용의 시 「대주(對酒, 술을 마주하고) 5수」 중에서 첫 수로 졸고의 부끄러움을 감추려 한다.

巧拙賢愚相是非(교졸현우상시비)

何如一醉盡忘機(하여일취진망기)

君知天地中寬窄(군지천지중관작)

雕鶚鸞皇各自飛(조악난황각자비)

재주가 있고 없고 잘나고 못나고 서로 따지지만
한번 취해 모든 욕심 다 잊어봄이 어떠한가.
그대는 아는가, 세상은 넓고도 좁은 데가 있고
독수리나 봉황새도 제 나름대로 난다네.

2021년 1월에

김지연

차례

part 1

스시 이야기

스시의 역사

스시의 역사

1. 민물생선 절임에서 스시로

스시(寿司, すし)의 원형은 동남아시아에서 소금에 절인 민물생선을 밥 속에 넣어 자연 발효시킨 나레즈시[1]이다. 이 나레즈시는 현재에도 동남아시아나 대만 등에 남아 있으며, 일본 시가현(滋賀県)의 후나즈시(ふなずし),[2] 한국의 가자미식해[3]와 갈치식해[4]가 이에 해당한다.

나레즈시가 오늘날의 스시와 다른 점은 밥을 발효용으로 사용하기 때문에 발효가 끝나면 밥을 버리고 생선만 먹는다는 것이다. 그리고 흥미로운 점은 이 나레즈시의 발상지에서는 떡, 화전, 허수아비, 칠기 같은 매우 유사한 문화가 나타났다는 것이다.

나레즈시는 동남아에서 중국으로 전해져 북부에서는 '지'(鮨 물

| 떡방아 | 허수아비 | 칠기 |

[그림 1–1] 나레즈시 발상지에서 공통적으로 발견되는 생활문화

고기 젓)로, 남부에서는 '자'(鮓 생선 젓)로 각각 발전되었다. '지'와 '자'는 민물고기의 저장식을 의미하는 중국의 오래된 한자이다.

'지'는 생선을 소금에 절인 생선젓갈을 의미하고, '자'는 좁쌀·쌀 등의 곡물을 볶거나 찐 것 또는 겨 안에 민물생선을 넣고 유산 발효시킨 생선 절임을 말한다. 이렇게 '지'와 '자'는 완전히 다른 음식으로 송나라 때까지 사람들에게 사랑받았으나 13세기 원나라에 정복되면서 사라지고 말았다.

그 후 다시 벼농사와 함께 일본으로 전해진 '지'와 '자'는 다시 혼합되어 지금의 형태로 발전되었다. 중국어 원음으로 '지'는 'キ'(키) 또는 'シ'(시)이고, '자'는 'サ'(사)이다. '鮨'의 일부인 '旨'(지)는 '耆'(늙을 기)의 약자(略字)로 보존을 위해 숙성시킨다는 의미가 있다. '鮓'의 일부인 '乍'(잠깐 사)는 얇게 썰었다는 뜻을 갖는다. '寿司'(스시)는 우리나라의 '이두' 같은 조어법인 '아테지'[5]로서, 교토에서 조정에 헌상[6]하는 것을 고려하여 사용하게 되었다고 한다.

현재 일본에서 '스시'에 대한 표기는 鮨·鮓·寿司 세 가지로 표기되고 있는 것도 이러한 글자의 기원에서 왔다고 볼 수 있다. 이러한 연유로 밥 위에 얇게 썬 생선을 얹은 것은 '간사이즈시'(関西鮓, 간사이 지방 스시)라고 하여 '鮓'자를 사용하는 반면 현재의 일반적인 스시인 에도마에[7]의 '니기리즈시'(握り鮨)[8]는 한자 '鮨'자를 주로 사용하는데, 이는 간사이 지방의 스시와 대비시키기 위해서 굳이 사용했을 수도 있다.

그럼 이쯤에서 앞으로 계속 언급이 될 '에도마에'에 대해서 설명을 해두자. '에도마에'란 첫째, 도쿄 만(灣)에서 잡힌 어패류로 만든 스시를 말한다. 두 번째로는 교토나 오사카와 비교해서 말할 때 도쿄의 법식이나 방식을 말하는데 특히 조리사·목수·미장이

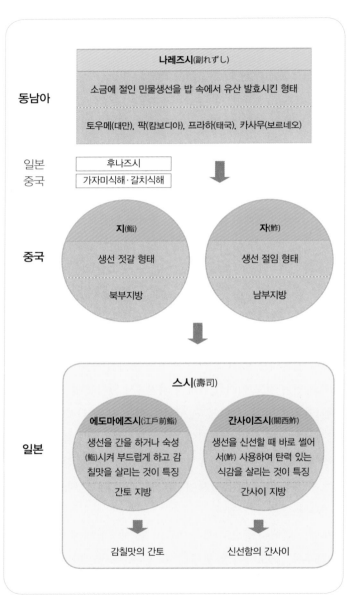

[그림 1-1] 스시의 연원 추정

등 일의 방식을 의미한다. 즉 에도마에즈시라고 하면 도쿄 방식의 스시를 말한다. 에도(江戶)시대에 고안되어 에도[9]에서 만들어진 에도마에 니기리즈시를 파는 가게가 많은 지역에서는 간판에 '鮨'를 사용하고, 간사이 지방 스시인 간사이즈시가 많은 지역에서는 '鮓'를 간판에 많이 사용한다.

스시라는 명칭에 대한 어원은 '酸(す)っぱいから寿司(すし), 맛이 시니까 스시' 즉, すっぱい(신맛)을 의미하는 '酸(す)し' 또는 '寿司'가 통설[10]이다.

일본에서 처음으로 鮨, 鮓라는 말이 등장한 것은 718년에 제정된 『요로율령』(養老律令, ようろりつりょう)의 조세부분[11]에 "아와비스시(アワビスシ鰒鮓, 전복 스시), 이가이스시(イガイスシ貽貝鮓, 홍합 스시), 자츠노스시(ザツノスシ雜鮓, 여러 가지 스시)"로 기록되어 있다. 鮨, 鮓는 조정에 받치는 현물세금이었던 것이다. 鮨, 鮓는 나라(奈良)시대부터 등장한 이후 천여 년에 걸쳐 많은 변화가 있었다. 가장 큰 변화는, 나레즈시를 만들 때 생선을 발효시키고 나서 버렸던 밥이 절인 생선과 함께 먹는 주된 재료가 된 것이다. 이것은 보존식으로 고안된 스시가 보존식 고유의 신맛을 즐기게 되면서 새로운 맛으로 받아들여졌기 때문이다.

일본의 식생활은 무로마치시대부터 아즈치모모야마시대[12]까지 기간에 조리법은 물론이고 1일 2식이 1일 3식으로 바뀌는 등 많은 변화가 있었다. 현재 간사이 지방 스시의 주류를 이루는 오시즈시(押し寿司)[13]도 이 시기에 시작되었다.

1657년 대화재로 에도(지금의 도쿄)의 3분의 2가 불에 탔다. 이때 복구를 위해 전국 각지에서 기술자들이 모여들면서 자연스럽게 음식장사가 번성했는데, 이를 계기로 식생활의 변화가 시작되

었다. 그리하여 1680년에는 에도에 하코즈시(箱寿司), 사바즈시(サバ寿司), 고케라즈시(こけら寿司)[14]와 같은 간사이즈시가 전해졌다.

1681년부터 1684년 사이에 아사쿠사(浅草)에 음식점이 생기기 시작했다. 다만 우동이나 메밀의 야간 노점상은 화재예방을 위해 1686년에는 금지되었다가 이듬해부터 영업이 허가되었다.

거의 매일 정해진 장소에 나오는 노점을 도코미세(床見世), 오사카에서는 다시미세(出し見世)라고 불렀으며, 아침까지 영업을 했다. 이들 점포는 해체와 조립이 쉽도록 만들어져 공적인 행사가 있을 때에는 모두 철거해야 했다.

1772년에는 도쿄 전역에서 스시, 메밀, 오뎅, 덴뿌라,[15] 술을 파는 노점상들이 다수 출현하고 1779년에는 김으로 만 스시도 등장하면서 1804년경에 이르러서는 도시 상인들 사이에서 외식이 관습으로 정착된다. 1810년에 니기리즈시의 고안자인 하나야요헤이(花屋与兵衛)가 '하나야'(花屋)라는 스시 전문점을 개업한다.

하나야요헤이는 처음에는 간사이즈시와 같은 누름초밥을 만들었으나 직원의 아이디어를 상품화하여 와사비를 사용하는 등 현재의 스시와 거의 같은 스시를 만들어 대성공을 거두었다.

에도막부가 생긴 이후 지금과 비슷한 형태의 니기리즈시가 등장하기까지 약 200년간은 노점에서나 스시 가게에서나 모두 누름초밥인 간사이즈시를 팔았다. 그러다가 우연한 계기로 니기리즈시가 탄생한 이후에 에도, 즉 도쿄의 스시 가게는 모두 니기리즈시 일변도로 바뀌게 된다. 노점에서 선 채로 좋아하는 생선을 골라 먹고 휙 가버리는 것이 도쿄 사람의 기질과도 딱 맞았을지도 모르겠다.

2. 뇌물이 된 스시

스시는 원래 노점에서 술꾼들이 간단한 식사로 먹던 값싼 음식이었다. 그러다가 스시 전문점인 '마츠노스시'(松のすし)가 등장하면서 스시는 비싼 음식으로 변모하기 시작했다. 이 스시집은 하나야요헤이가 차린 스시 전문점 '하나야'와 함께 쌍두마차로 스시의 고급화를 견인했다.

사치의 극을 달린 고가의 메뉴가 막부의 요인들에게 팔리기 시작하자 다른 스시 가게들도 고가정책으로 선회했다. 앞의 두 스시 전문점의 스시가 뇌물로 사용되었기 때문에 점점 더 스시는 사치스럽게 진화해 갔다. 200년 전인 이 당시의 사치스러운 스시의 가격은 오늘날 긴자(銀座)[16]의 최고급 스시집보다 더 비싼 가격을 형성하고 있었다는 기록도 전해진다.

이 시기에 텐포(天保)의 개혁으로 사치 금지령이 내렸다. 이때 잡혀간 스시 가게 주인들이 200명 이상이었다. 하나야요헤이도 '호화로운 스시'를 제공한 혐의로 투옥되었다. 하나야요헤이가 잡혀간 이유는 붕장어 스시(アナゴ寿司) 때문이라고 전해진다.

에도 시대의 스시에서 빼놓을 수 없는 생선이 붕장어이다. 고대 유럽에서는 붕장어, 문어, 왕새우를 바다의 견제세력(海ぅみの三さんすくみ 우미노산스쿠미)라고 하였다. 그 이유는 붕장어는 미끄러워서 문어다리에 잡혀도 쑥 빠져나가 거꾸로 문어를 잡아먹는다. 왕새우의 몸은 껍질이 있어 붕장어가 빠져나가지 못해 왕새우에게 지지만 왕새우는 문어에게 약하다. 물고 물리는 관계다. 하나야요헤이가 잡혀간 이유는 아마도 텐포 개혁의 내용이 사치 금지,

검약이 주된 내용(의복이나 장신구의 판매도 금지되었고 고가의 요리나 과자도 금지)이었기에 고급 생선인 아나고로 만든 호화로운 붕장어 스시를 제공했기 때문일 것으로 생각된다. 거기에 더하여 정치적인 견제의 감정이 있었던 것은 아닐까?

그러나 텐포 개혁의 주동자가 실각한 후에 고급 스시 가게들이 다시 고개를 들었고, 당시 상인들이 주 고객이 되기 시작하면서 일반 서민들의 식문화도 전반적으로 고급화가 이루어지게 되었다.

인기가 많았던 당시의 니기리즈시는 어떻게 만들어졌을까 하는 궁금증은 '요술쟁이가 (요술로) 만드는 스시'(妖術といふ身で握る鮓の飯)와 같은 시가(詩歌)를 보면 알 수 있다. 양손을 사용하여 스시를 만드는 모습이 그대로 잘 표현되어 있다.

에도마에즈시집은 '내점'(内店, 점포가 있는 가게)과 노점으로 분리되어 있는데, 내점에서는 주로 배달과 포장이 이루어졌고 바로 먹을 수 있는 곳이 노점이었다. 내점과 노점은 스시를 만드는 재료와 방법부터 달랐다. 내점의 스시는 손님이 집으로 가져가서 먹기 때문에 식초·소금·간장 등으로 미리 조리해 둔 생선을 사용했으나 노점은 생선을 날것 그대로 사용하였고 값싼 생선을 사용하여 저렴하게 팔았다.

노점에서는 스시를 손으로 집어 먹었다. 물수건도 없었다. 신문지를 엽서 크기로 잘라 실에 꿰어서 기둥에 걸어두면 스시를 먹은 후에 그것으로 손을 닦았다. 그럼에도 불구하고 노점의 스시는 대인기였다. 가격도 저렴한데다가 스시를 만드는 사람과 이야기를 주고받는 재미도 한몫했다. 무엇보다도 인기의 가장 큰 이유는 수고롭게 준비하거나 달리 조리를 하지 않은, 신선한 생선 그 자체의 맛을 사람들이 알게 되었기 때문이다.

이러한 인기로 인해 주로 내점 앞에 붙어 있던 노점이 메이지(明治) 시대에 들어와서는 내점 안으로 완전히 들어가게 되었다. 스시를 노점에서는 손으로 먹었지만 내점에서는 큰 사이즈의 이쑤시개로 찍어서 먹었는데 지금과 달리 당시에는 스시를 딱딱한 밥으로 단단하게 만들었기 때문에 가능했다. 젓가락이 아닌 이쑤시개로 먹은 이유는 당시 스시가 공연을 관람하거나 잠시 쉬는 시간에 먹는 간식이어서 그런 것 같다.

시중에서 파는 스시 도시락이나 스시집에서 한꺼번에 여러 가지 스시가 놓여 있는 경우에 스시와 스시 사이에 끼워놓은 대나무 잎 장식을 본 적이 있을 것이다. 요즘에는 진짜 대나무 잎보다는 대나무 잎 모양의 초록색 비닐로 대체하는 편이다. 이 대나무 잎의 장식은 옆에 붙어 있는 스시에 맛이 배어들지 않도록 하는 것인데, 원래는 그보다 더 중요한 기능이 있었다. 일종의 배달 용지와 같은 것으로, 에도 시대에는 배달할 곳의 가문(家紋)[17]을 대나무 잎에 새겨서 스시 위에 올려놓았다. 내점과 단골손님과의 관계는 매우 중요하고 긴밀하여 내점은 손님의 찬합을 보관하고 있을 정도였다고 한다.

에도 시대에는 스시 조리사가 다다미(畳)[18]에 앉아서 스시를 만들었다. 스시를 만드는 장소는 격자로 가려서 다른 장소와 엄격하게 구분했다. 당시에는 요리는 앉아서 하는 것이 당연하였다.[19] 그리하여 노점에서 스시를 만들 때조차도 좁은 다다미지만 앉을 곳을 마련하여 정좌를 한 채로 스시를 만들었다. 반대로 손님들은 서서 먹었다. 현대에 와서 일반적인 구조를 가진 스시집을 '다치스시'(立ち寿司, 서서 먹는 스시)라고 하는 이유가 이 때문이다.

3. 스시, 대중 곁으로

원래 에도마에즈시는 노점에서 서서 먹는 것으로 시작된 서민들의 음식이었다. 위생상의 문제로 노점 판매가 금지된 일이 있고 나서부터 스시는 고급화되기 시작하여 어느새 서민들에게는 그림의 떡과 같이 비싼 음식으로 바뀌었다. 스시집의 카운터에 앉아서 제철 재료를 사용한 값비싼 스시를 아무런 금전적인 부담 없이 즐길 수 있는 것은 일부 계층이었다. 그래서 적당한 가격의 스시를 격식에 얽매이지 않고 실컷 즐길 수 있는 가이텐즈시(回転寿司, 회전초밥)의 탄생을 서민들은 쌍수를 들고 환영하였다. 일찍이 노점상에서 스시를 먹던 것처럼 적당한 가격에 매너나 먹는 법을 신경쓰지 않고 부담 없이 누구나 즐길 수 있게 된 것이다. 가이텐즈시의 등장으로 다시 한 번 스시가 서민이 즐길 수 있는 음식이 되었다는 점에서 원래의 서민적인 에도마에즈시의 귀환이라고 할 수 있겠다.

가이텐즈시 1호점은 1958년 동오사카(東大阪)의 '마와루겐로쿠즈시'(廻る元禄寿司, 돌아가는 겐로쿠즈시)이다. 스시를 접시에 놓고 레인으로 돌아가게 하는 획기적인 시스템을 고안해낸 것은 로쿠 산업주식회사의 창업자인 시라이시 요시아키(白石義明)이다. 아사히 맥주공장 견학 중에 병 세척과 보틀링 등 모든 작업을 수작업이 아닌 자동 컨베이어 시스템으로 처리하는 것을 본 순간 가이텐즈시를 떠올렸다고 한다.

1950년대 말 스시 업계의 일손 부족은 심각했다. 시라이시 요시아키는 머릿속에 너무 비싸져서 상류층의 음식이 되어 버린 스

시를 어떻게 하면 일반 사람들도 부담 없이 먹을 수 있게 할까 하는 생각으로 가득했던 차였다. 일손 부족과 서민들이 스시를 즐길 수 있게 하자라는 두 개의 과제를 동시에 해결할 수 있는 획기적인 아이디어였다. 그는 여러 번의 시행착오를 거쳐 '컨베이어 선회식사대'(コンベア旋回食事台)라고 하는 현재 가이텐즈시에서 사용하는 것과 거의 비슷한 기계를 완성하여 1962년에 특허를 내었다.

가이텐즈시의 개점으로 스시는 4개에 50엔(이하 현재 가치 기준)이라는 파격적인 가격을 선보였다. 에도 시대에 한 개에 80∼160엔(비싼 것은 1,200엔인 것도 있었으며 심지어는 도시락에 담긴 스시가 10만 엔이라는 믿을 수 없으나 뇌물다운 가격의 스시도 있었다고 한다)이었던 것과 비교하자면 엄청난 일이었다. 그때까지 없었던 합리적인 가격이었다. 서민들이 즐기기에 부담 없는 가격과 당시까지 경험하지 못했던 편리함과 신기함에 가이텐즈시는 간사이 지방을 중심으로 순조롭게 점포를 늘려갔다.

가이텐즈시 보급에 기여한 또 하나의 중요한 인물이 있다. 16세에 타이완에서 건너온 에가와노 콘쇼(江川金鐘)로, 어려서 고생을 많이 해서 세상 물정에 밝은 사람이었다. 그는 당초 노점 스시로 시작했으나 번성하는 것에 비해 별로 이익이 나지 않자 중국요리의 회전 테이블에서 힌트를 얻어 가이텐즈시와 같은 시스템을 생각해냈다. 그러나 이미 오사카에서 시라이시 요시아키가 특허를 받은 사실에 충격을 받은 에가와노 콘쇼는 매일 시라이시 요시아키를 찾아가서 설득한 끝에 특허사용계약을 맺고 전국적으로 점포를 늘려 나간다.

1967년에 미야기현(宮城縣) 센다이시(仙台市)에 제1호 직영점을

열고 에가와노 콘쇼는 점장이 되었다. 그리고 3년 후 1970년에 열린 오사카만국박람회에서 전국적으로 가이텐즈시를 알릴 기회가 찾아왔다. '마와루겐로쿠즈시'는 맥도날드, 켄터키 프라이드치킨, 미스터도넛과 어깨를 나란히 하여 음식점 부문에 출점하였다. 그 중에서 식품우수점으로 표창을 받았다. 이 오사카 만국박람회를 계기로 서일본은 시라이시 요시아키, 동일본은 에가와노 콘쇼가 맡아 프랜차이즈 점포를 착실하게 늘려갔다. 1971년 가이텐즈시에 가장 중요한 컨베이어벨트 회사인 키타니혼가코(北日本カーコ)가 설립되어 자동급다장치(自動給茶裝置)가 붙은 컨베이어 기계, 회전초밥용 접시자동세척기 등을 단계적으로 개발하여 가이텐즈시 보급의 원동력이 되었다.

1978년은 시라이시 요시아키가 독점하고 있던 가이텐즈시 컨베이어 특허권이 끝나는 해여서 가이텐즈시 업계에는 큰 변화가 일어났다. 독점시장이던 업계에 신규 참가자가 엄청나게 몰린 것이다. 마와루겐로쿠즈시의 체인점에서 독립하여 새로운 점포를 창업하는 경우도 속출했다. 현재 가이텐즈시 업계의 주요한 체인점인 겐키즈시(元気寿司), 덴카즈시(天下寿司), 간소즈시(元祖寿司), 가츠교노오에도(活魚の大江戸), 갓텐즈시(がってん寿司) 등은 원래 마와루겐로쿠즈시의 프랜차이즈 점포였다.

이렇게 승승장구하던 가이텐즈시 업계도 1986년부터 약 5년간의 버블경제시대가 도래하여 사람들의 생활이 풍요로워지자 품질이 안 좋다, 비위생적이다, 지겹다 등등 좋지 않은 여론이 일어 침체일로에 빠지게 된다. 대형 체인점들은 유통 시스템 개혁 등의 자구책으로 어려운 시기를 가까스로 넘겼지만 작은 규모의 가이텐즈시 점포들은 도태되었다.

이후 가이텐즈시는 1995년경부터 재료의 품질 향상으로 극적인 변화를 이룬다. 선어업자, 수산가공업자, 일본음식 체인점 등의 참가와 일반 스시집에서 가이텐즈시로의 전업 등 여러 가지 요소가 더해져 기존의 싸고 빠른 것에다 맛의 차별화가 더해졌다. 그 중에는 품질과 맛에서 일반 스시 가게를 능가하는 가이텐즈시 체인점도 생겨났다. 고급화하는 차별화 전략으로 다양한 콘셉트와 분위기를 갖는 가이텐즈시 체인점들이 현재 발전과 변화를 거듭하고 있다.

일반 스시집에서는 그 장소를 즐기는 요소가 크다. 그래서 실내 장식이나 그릇 등에 적잖은 비용을 투자한다. 스시의 맛을 음미하는 것은 물론이지만 분위기를 즐기는 손님이 대부분이기 때문에 당연히 테이블 회전율이 크게 떨어진다. 재료도 고급으로 엄선하여 적은 양만 구매하기 때문에 원가도 비싸진다. 게다가 손님의 수준에 맞추어 실력도 있고 접객 매너가 좋은 스시 조리사는 인건비가 비싸다. 이런 저런 경비를 충당하려면 스시값이 비싸질 수밖에 없다.

반면 가이텐즈시에서는 모르는 사람과 어깨를 나란히 하고 먹는 것은 물론 혼잡시간대에는 먹는 시간을 제한하기도 한다. 느긋한 식사를 하고 싶은 손님의 입장은 가게와는 아무 상관이 없는 것이다. 자리에 앉자마자 마구마구 먹고 빨리빨리 돌아가는 것이 가이텐즈시 스타일인 것이다. 손님의 회전률도 좋고 재료의 회전률도 물론 좋다. 스시 로봇이라는 기계가 밥을 뭉치는 곳도 있는데 인건비를 낮출 수 있다. 스시가 돌아가는 레인에 앉아서 먹는 손님의 회전률이 가장 중요한 가이텐즈시는 박리다매로 유지되는 시스템이다. 스시집의 권위를 일소하고 누구나 스시를 가볍게 즐길 수 있도록 한 일등공신이다. 단, 손님으로서의 기본적인 상식과 품위를 지킨다면 말이다.

현재 가이텐즈시는 진화를 거듭하여 다양한 형태의 점포가 있다. 모든 스시가 100엔이나 130엔으로 균일가인 곳도 있고 재료에 따라 가격을 달리하여 고급 재료를 다양하게 갖춘 곳도 있다. 한 접시당 800엔, 1,000엔, 심지어는 3,000엔까지 받기도 한다. 그렇다 하더라도 고급 재료를 사용하면서 시가를 적용하지 않는다는 점과 대부분이 크게 부담스럽지 않은 가격이라는 점에서 일반 스시집과 차별성이 있다.

이러한 가격 차이보다 가이텐즈시의 더 큰 차별성은 조리사가 있는지 없는지에 있다. 조리사가 있는 가게는 컨베이어벨트만 뺀다면 손님에게 메뉴를 추천하거나 주문받거나 할 수 있다는 점에서 일반 스시집과 별 차이가 없다. 조리사가 없는 곳에서는 객석에 레인만 돌아가는 형태로 스시로봇이라는 기계가 '백 야드'라고 하는 가려진 조리장에서 밥을 뭉쳐내면 사람이 그 위에 생선을 올리면 끝이다. 종업원들은 먹은 접시를 정리하기 위해 대기할 뿐이다. 모든 주문도 컴퓨터 화면에서 이루어진다. 교외의 대형 가이텐즈시에 많은 스타일이다.

스시를 주 메뉴로 하면서 사이드 메뉴도 갖추고 있고 술도 니혼슈(日本酒, 일본전통주=사케)와 맥주만 파는 표준형 가이텐즈시 스타일로 각자의 개성을 내세우는 집이 많다. 저렴한 가격보다는 재료에 신경을 쓰고 일품요리가 많은 이자카야 스타일의 가이텐즈시는 주류도 가격대별로 다양하게 갖추고 있다. 유행에 민감한 젊은이들과 여성 고객의 취향에 맞추어 다이닝 바와 같은 분위기로 인기를 끄는 곳도 있다. 그 외에도 세일즈 콘셉트를 다양하게 잡아 스시가 모두 한 개씩만 나오는 집, 재료의 산지와 선도를 내세우는 집 등이 있다.

가이텐즈시는 초창기에 맥주 공장에서 벤치마킹한 컨베이어벨트를 만들 때만 해도 소음뿐만 아니라 레인 끝에 접시가 쌓이는 등 여러 가지 문제가 많았으나 현재는 거의 모든 공정에서 무인화를 실현하고 있다. 접시세척기, 스시제조기, 김초밥말이기, 배합초제조기 등이 자동화되어 있다. 가장 획기적인 시스템은 접시에 태그(tag)를 달아 시간이 지난 스시를 자동으로 제거할 수 있게 된 것이다. 물론 스시의 가격대별로 제거시간을 자유롭게 설정할 수 있다. 데이터에 근거하여 계절과 시간대에 따라 효율적으로 스시를 만들어서 돌릴 수가 있게 된 것이다.

이러한 시스템의 도입으로 재료의 낭비를 크게 줄인 가게도 적지 않다고 한다. 가게의 이익은 곧 손님에게 저렴한 가격으로 환원될 수 있는 요소가 된다. 요즘에는 소음을 줄이기 위해 자석을

[그림 1-3] 가이텐즈시 레인

사용하여 움직이지 않는 고정 레인 위에서 접시만 움직이게 하는 조용한 시스템도 많이 사용한다.

돌고 도는 가이텐즈시 레인은 거의 다 시계방향으로 돈다. 그 이유는 대부분의 사람들의 오른손잡이고 오른쪽 눈으로 판단하기 때문이라고 한다. 오른손에 젓가락을 집은 상태로 앉아 있다면 돌아가는 접시를 잡는 손은 당연히 왼손이다. 가게의 구조 때문에 어쩔 수 없이 왼쪽으로 회전하는 경우도 있는데 이를 '지옥회전'이라고 한다. 레인의 속력은 대개 분당 4~5m를 표준으로 친다. 이 속도는 손님이 스시를 집는 데 불편함이 없는지, 접시를 관찰하기에 편한지를 고려한 것이며 속도가 빠르면 접시 위의 스시가 빨리 마른다고 한다.[20]

레인의 속도는 조절이 가능하여 조리사가 없는 대형 가이텐즈시에서는 분당 6~7m로 설정한 곳도 많다고 한다. 일본은 동쪽과 서쪽의 주파수가 다른데 동부 일본은 50Hz, 서부 일본은 60Hz이다. 이 때문에 레인에 사용하는 모터의 기종이 같을 경우 간사이 지방 쪽(서부일본)이 빨리 돌아간다. 그런데 성질이 급한 간사이 지방 사람들에게는 빠르게 느껴지지 않는다는 것이 재미있다. 개인적으로 한국 회전초밥집의 속도가 궁금하다.

발전기는 메이지 시대에 수입되었는데 간토 지방은 독일에서 50Hz의 발전기가 수입되었고 간사이 지방에는 미국에서 60Hz의 발전기가 수입되었다. 그 이후로 일본에서는 시즈오카현(静岡県) 후지가와(富士川)부터 니가타현(新潟県) 이토이가와(井魚川)를 경계로 동측이 50Hz지구, 서측이 60Hz지구가 되었다.

가이텐즈시는 일본뿐만이 아니라 세계의 많은 도시에 진출해 있다. 북부 일본의 가코는 유럽 쪽에 적극적으로 진출하여 투명한 돔을 씌운 형태의 컨베이어벨트를 개발하여 유럽의 위생기준에도 맞추고 쇼윈도의 역할까지 한다고 한다. 한국도 일본의 체인점이 직수입되어 있거나 한국 자생의 가이텐즈시 가게 등 여러 형태로 존재한다. 한국도 요즘은 투명한 돔을 씌운 가이텐즈시가 늘어가고 있으나, 일부 대형 마트에서 한없이 돌아가면서 말라가는 스시를 보면 슬퍼진다.

4. 스시 전문조리사 '쇼쿠닝'

일본에서는 스시 전문 조리사를 '쇼쿠닝'(職人, craftsman)이라고 한다. 숙련된 기술로써 수작업으로 공예품을 만들어 내는 직업인을 말한다. 쇼쿠닝은 에도 시대의 사농공상(士農工商) 계급에서 '공'(工)인 장인(匠人)에 해당하며, 일본에서는 역사적으로 이 계급에 대해 존중하는 전통이 있었다. 대륙에서 귀화한 도예공이나 대장장이는 선비로 대접받았다. 이들의 기술은 '쇼쿠닝게이'(職人芸, 뛰어난 장인만이 가진 기술)라고 한다. 도자기 등 예술작품을 만드는 사람은 대개 '도예가'로 불린다. 쇼쿠닝으로 식품을 다루는 경우는 예외적으로 스시쇼쿠닝(寿司職人)밖에 없다. 스시 전문 조리사가 되기 위한 공부는 단기간에 이루어지는 것이 아니라 3년차까지는 신출내기, 5년차부터는 보좌역을 하는 수업을 하게 되는데 7년차가 되면서부터 비로소 조리를 시작할 수 있다. 어엿한 조리사로 인정받기까지 적어도 7년이 걸린다는 뜻이다. 5년이 되어서야 비로소 스시 카운터 구석에서 칼을 잡는 것이 허락된다. 7년이 되었다고 해서 저절로 정식 조리사가 되는 것이 아니고 국가 공인시험에 합격하야 한다. 이 국가 공인시험에 합격을 하게 되면 칼 한 자루를 가지고 일본은 물론 해외로도 진출할 수 있는 것이다. 게다가 여성들한테의 인기는 덤이다.

스시 조리사는 처음에는 전어 배 가르기를 시작으로 등푸른생선(전갱이, 고등어, 보리멸 등)의 초절임 방법, 붕장어와 갯가재의 조림, 날것과 김초밥의 기본이 되는 기술을 배운다. 그 사이에 차 따르는 법, 가리(ガリ, 생강) 제조법, 수산시장으로 선배를 따라가서 재료를 고르는 요령을 배운다. 여기까지가 3년차 신출내기 시절이다.

신출내기에게 처음부터 샤리(シャリ, 스시를 만들 때의 밥)[21]와 네타(ネタ, 재료)[22]를 주면 모두 버리게 되므로 젖은 행주를 작게 잘라서 스시를 만드는 법을 연습한다. 그 후에는 두부집에서 얻어 온 비지로 연습을 한다. 이렇게 연습을 한 후 까다롭지 않은 손님이 왔을 때 실제로 스시를 만들어 보기 시작한다. 그 후 2~3년 정도 지나 조리사 시험에 합격하게 되면 한 사람의 스시 전문 조리사로 거듭나게 된다. 그리고 나서 헤야(部屋, 방)라고 하는 조리사회에 입회하게 되고 그 후의 행보는 본인의 자유이다.

스시 조리사는 용모가 단정하고 손이 깨끗해야 한다. 항상 차가운 물을 사용하는 직업이지만 손이 거칠지 않아야 한다. 처음에는 손이 붉어지고 트거나 하지만 많은 시간이 지나면 생선의 지방이 손에 배어 더 이상 손이 트지 않는다고 한다. 조리사는 1인분의 스시 10개를 거의 같은 무게로 만들면 장인이라고 할 수 있다.

주문배달 스시의 경우 재료는 약 12g, 밥은 25g으로 스시 한 개의 중량은 40g 정도이다. 가게에서 손님에게 내는 스시는 밥이 10g 정도이고 한 개의 중량이 20g 정도로 주문배달용의 반이다.

단 점심시간에는 한 개에 40~50g이 되도록 크게 만든다. 이유는 짐작이 가겠지만 가장 바쁜 시간에 일손도 덜고 수지타산도 맞춰야 하기 때문이다. 이런 비밀이 스시에 숨어 있을 줄이야 짐작이나 했겠는가.

이 비밀을 유지하기 위해서 스시 조리사는 상황에 따라서 사이즈가 다른 네 가지의 스시를 만들 수 있어야 한다. 또 재료에 따라서도 스시 만드는 법을 달리 해야 하는데, 스시 재료의 두께에 차

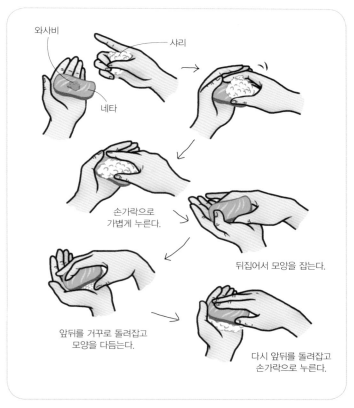

와사비
샤리
네타
손가락으로 가볍게 누른다.
뒤집어서 모양을 잡는다.
앞뒤를 거꾸로 돌려잡고 모양을 다듬는다.
다시 앞뒤를 돌려잡고 손가락으로 누른다.

[그림 1-4] 누구나 할 수 있는 간단한 초밥 만드는 법

이가 있더라도 평균적으로 같은 높이의 스시를 만들지 못하면 실력을 인정받을 수 없다.

신입 조리사가 무명천이나 비지로 많은 연습을 하여 밥을 쥐는 동작이 안정적이고 능숙해지면 쌀 한 되[23]에서 나오는 스시가 균일해진다. 스시를 만들 때 밥을 만드는(쥐는) 손은 왼손이고 오른손은 거드는 정도이다. 가장 중요한 것은 왼손의 엄지를 구부려 밥의 전후를 꾹 눌러주는 것으로, 엄지손가락으로 눌러 주지 않은 스시는 가운데가 부러지기 쉽다(그림 1-4 참조).

스시를 만들기 전에는 식초에 손을 적셔둔다. 능숙한 조리사가 스시를 만들 때는 리듬감마저 느껴질 정도이다. 스시를 만들 때 중요한 것은 손바닥에서의 시간을 최소한으로 해야 한다는 점이다. 밥을 쥘 때 힘 조절과 함께 손바닥의 온도가 중요하여, 스시를 만드는 기술이 아무리 뛰어나도 손바닥의 온도를 간과하면 맛이 떨어진다. 특히 손이 뜨거운 사람은 되도록 재료에 손이 닿지 않도록 하는 것이 좋다. 스시를 여성이 만들면 맛이 떨어진다는 말이 있는데 이는 여성 중에는 손이 따뜻한 사람이 많기 때문이다. 그러나 기술적으로 연구하면 전혀 문제가 없다. 옛날 스시집의 여주인들은 대부분 손수 스시를 만들었다고 한다. 스시는 공기가 들어가도록 하여 최대한 부드럽게 만드는 것이 이상적으로, 재료와 함께 밥이 입 속에서 사라지는 것 같은 느낌이 드는 것이 잘 만들어진 스시라고 한다.

고집스러운 스시 조리사 중에는 군칸마키(軍艦巻き)를 스시로 인정하지 않는 사람도 있다. '스시는 반드시 재료와 밥을 함께 눌러 만드는 음식'이라는 지론 때문이다. 간사이즈시는 오시즈시(押し寿司)라고 할 만큼 강한 누름이 필요하다. 에도마에 니기리즈시(江戸

前握り寿司) 역시 니기리(握り), 즉 쥐는 것은 누른다는 의미이기도 하다. 스시의 밥은 누르는 작업에 의해 맛이 난다고 할 수 있다.

군칸마키는 스시 한 개분의 밥에 김을 두르고 그 위에 성게나 연어 알을 올리는 것뿐이다. 군칸마키는 만드는 과정 중에 누르는 과정이 없다. 스시계의 '카나페'와 같은 개념이다. 그러나 일각에서는 군칸마키야말로 재료로 사용할 수 없던 것을 사용할 수 있게 만든 획기적인 방법이라는 찬사도 있다. 누가, 언제, 왜 만들었는지는 전해지지 않는다. 어쨌든 군칸마키의 등장으로 다양한 재료를 사용할 수 있게 되었다.

chapter 2

스시의 재료와 생선

스시의 재료와 생선

1. 스시에 쓰이는 활어

 활어는 시각적 만족감은 충만하게 해 주지만 꼭 맛까지 좋은 것은 아니다. 바로 죽은 생선은 살이 무르고 감칠맛을 내는 이노신산[24]이 적다. 생선이 죽은 후 2~3시간(혹은 5~6시간)이 지나서 살이 단단해지기 시작하는 사후경직이 시작되면 이노신산이 늘어나기 시작해서 경직이 풀릴 때쯤에 이노신산이 최대치가 되는데 이때가 가장 맛있다. 그런데 이러한 변화도 생선의 종류에 따라 다르다. 도미나 광어와 같은 흰 살 생선은 하룻밤 정도 지나면 이노신산이 늘어나서 맛있어진다. 오징어, 문어, 전복 등은 아예 이노신산이 생성되지 않기 때문에 바로 먹는 것이 좋다.

 활어는 시장에서는 오요기(泳ぎ, 헤엄)라고 하나 동부 일본[25]에서는 유통단계에서 이케지메(活けじめ, 잡은 생선을 산지에서 바로 죽여 얼음에 채우는 것)한 것도 활어라고 한다. 오사카에서는 이를 이케(活け, 산지에서 산 채로 운반한 것을 시장에서 죽인 것), 이케지메, 시메(しめ, 일부러 죽인 것이 아니라 자연적으로 죽은 것에 얼음을 채운 것)로 엄밀하게 구분한다. 도쿄에서는 이케지메가 한 마리씩 치누키(血抜き, 조리하기 전에 내장이나 피를 빼는 일)해서 죽이는 것을 가리키기도 한다.

고급 일본요리집이나 스시집 앞에는 고급 생선들이 헤엄치는 수족관이 놓여 있다. 신선도는 나무랄 데가 없겠지만 맛도 과연 좋은 것일까? 생선은 양식으로 키웠다고 해도 야생의 생물이어서 환경에 민감하다. 생선은 수족관에 넣어 두는 시간이 길어질수록 살이 빠진다고 한다. 살아 있는 활어라고 해도 어떤 상태에서 살아 있었는지가 중요하다. 차라리 잡자마자 죽은 생선이 바다에서 활기차게 돌아다닐 때의 맛을 간직하고 있을지도 모르겠다.

모든 음식이 그렇겠지만 특히 스시에서 가장 중요한 것은 신선한 재료이다. 재료의 신선도는 스시 조리사의 실력보다 더 중요하다고 해도 과언이 아니다. 그러나 이 재료들을 모두 일본 안에서 구하기란 힘들다. 에도마에즈시의 대표적인 재료인 대합·뱅어는 현재 일본 연근해에는 거의 서식하지 않는다. 이전에는 일본 연근해에서 조달했던 성게·전복·문어·새우·붕장어·고등어·마구로도 대부분 외국산으로 대체되고 있다. 또 자연산에서 양식으로 바뀌어 가는 해산물도 적지 않은데 가리비·도미·방어·광어 등이 그렇다. 대표적인 양식 해산물에는 참돔·광어·방어·은어·장어·무지개송어·은연어·가리비·보리새우·굴·전갱이·돌돔·자지복·송어가 있다. 김과 미역도 물론 양식이 대부분이다.

자연산과 양식을 구별하는 방법으로는 여러 가지 설들이 난무한다. 도미의 경우에는 몸체가 검으면 양식이고 핑크색을 띠면 자연산이다. 색깔에 차이가 나는 이유는 자외선 때문이다. 양식은 얕은 물에서 키우기 때문에 자외선의 영향을 받아 검게 되고 자연산은 자외선이 투과되지 않은 깊은 바다에서 자라기 때문에 연한 색을 유지한다. 이렇게 간단하게 구별할 수 있었던 도미도 양식

도미에 색을 입히는 작업을 하기 시작하면서 구별이 어려워졌다. 치어를 활어조에서 기를 때 활어조 전체를 검은 텐트로 덮어 도미가 햇볕을 쐬지 못하게 하고 출하 수개월 전부터 사료에 크릴새우나 분홍새우를 섞어서 주면 붉은 색소가 들어가 도미가 붉어진다고 한다. 이렇게 색은 어느 정도 감출 수가 있다고 해도 꼬리지느러미의 모양은 어쩔 수가 없다. 자연산은 도미의 꼬리지느러미가 곧은 데 비해 양식은 둥글게 부푼 모양이다.

광어와 가자미는 둘 다 가자미과의 생선이므로 상당히 닮았다. 구별하는 방법으로 "히다리히라메니 미기카레이(左ヒラメに右カレイ, 좌 광어, 우 가자미)"라는 말이 있다. 검은 쪽을 위로 했을 때 눈이 왼편인 것이 광어이고 오른편인 것이 가자미라는 것이다. 그러나 실제로는 눈이 오른편인 광어도 있고 왼편인 가자미도 있다. 그래서 눈의 방향이 아닌 모양으로 구별하는 것이 알기 쉽다. 가자미는 전체가 마름모꼴에 가까우며 각이 지고 오므린 입 모양을 하고 있는 것에 비해 광어는 곡선이 부드러운 방추형으로 입이 크고 입 모양이 ヘ와 같은 모양으로 굽어 있다. 일본에서는 도다리를 잘 안 먹기 망정이지 도다리까지 있으면 얼마나 혼동스러울까 하는 생각이 든다.

광어는 스시집에서나 일본요리집에서나 고급 생선 대접을 받았다. 가자미는 특유의 냄새와 작은 것이 많아 회보다는 조리거나 튀겨서 반찬으로 많이 먹는 서민 생선이다.

그러나 가자미도 회로 먹으면 맛의 차이는 있지만 광어에 비해 맛이 덜하다고는 할 수 없다. 광어회는 결이 쫀쫀하여 쫄깃한 식감이나 가자미회는 씹는 맛이 좋고 산뜻한 느낌이다.

광어하면 엔가와(エンガワ, 지느러미살)라고 할 만큼 지느러미살은 광어가 최고라는 미식가들이 많다. 지느러미는 움직임이 많은 부위로 살이 단단하다. 그래서 가자미도 이 엔가와가 맛있다. "나츠자시키토 카레이와 엔가와가이이"(夏座敷とカレイは縁側がいい, 여름의 객실(엔가와에는 '툇마루'라는 뜻이 있다)과 가자미는 엔가와가 좋다)라는 말이 있을 정도다. 그러나 마코가레이(まこがれい, 참가자미)는 회로 먹어도 맛이 좋다. 제철에 얇게 썰어 폰즈(ポン酢)[26]로 먹으면 최상의 맛을 느낄 수 있다. 호시가레이(ほしがれい, 범가자미)는 환상의 생선이라고 할 만큼 귀한데 배에 점이 별자리처럼 있어서 그런 이름이 붙었다고 한다.[27] 광어 하고는 비교가 안 될 만큼 맛있다고 한다.

부리(ブリ, 방어)는 슛세우오(出世魚)[28]로 알려져 있다. 슛세우오는 치어에서 성어가 될 때까지 성장에 따라 이름이 바뀌는데, 지방에 따라 이름이 좀 다르다. 간토 지방에서는 방어의 성장에 따라 와카시(ワカシ), 이나다(イナダ), 와라사(ワラサ)로 이름이 바뀌다가 1미터쯤 되면 드디어 부리(ブリ)로 불리운다.[29] 이렇게 이름이 바뀌는 것도 특이하지만 성장단계에 따라 각각 맛이 다른 것도 재미있다. 부리는 일본해에서 탄생하여 동쪽 해안을 따라 북에서 남으로 흐르는 한류를 타고 북상한다. 이나다 시절에는 부리만큼 기름기는 없으나 붉은 살 생선보다는 담백하고 흰 살 생선보다는 감칠맛이 생긴다. 북상한 부리는 생후 4년 정도 지나면 산란을 위해 남쪽으로 내려오기 시작하며, 겨울이 제철이다. 부리는 일본해와 태평양에서 잡히는데, 태평양에서 잡힌 부리는 별로 인기가 없어서 냉동 보존 되었다가 일본해에서 잡힌 부리가 출하될 때 함께 유통되므로 주의가 필요하다. 간사이 지방에서는 새끼 방어를 하마치(ハマチ)라고 부르는데, 현재 하마치는 '양식하는 부리'[30]의 통

칭이 되었다. 하마치는 좁은 활어조에서 먹이를 먹고 자라서 살이 찌고 기름기가 많다. 자연산에 비해 맛은 떨어지지만 산란기를 마친 부리보다는 맛이 훨씬 좋다. 양식 생선은 어쩌면 1년 내내 제철이라고 해도 틀린 말은 아닐 것 같다.

2. 냉장고 덕을 본 '마구로'

마구로(マグロ, 鮪)는 다랑어·참치로 종류가 다양하며 계속해서 빠른 속도로 헤엄치지 않으면 산소 결핍으로 죽게 되는 특이한 생선이다.

'마구로'라는 이름은 눈이 크고 검은 생선(目黒, まぐろ)에서 유래했다는 설이 있다. 또 보존하기가 상당히 곤란한 어종으로 상온에다 놓으면 바로 검게 변하기 때문에 맛쿠로(まっくろ, 새카맣다)→마쿠로(まくろ)→마구로(まぐろ)와 같이 음이 변화했다는 설도 있다.

마구로의 배 부위의 기름기가 많은 부분을 토로(トロ)라고 하는데, 이것은 입안에서 부드럽게 퍼지기(トロットとする)[31] 때문에 붙여진 명칭이다. 지방이 많은 부위는 오토로(大トロ), 중간 정도의 지방이 있는 부위는 주토로(中とろ)라고 한다.

요즘 스시의 최고급 재료인 토로는 니기리즈시가 생긴 에도 시대는 말할 것도 없고 메이지 시대까지 스시의 재료로 사용되는 일은 거의 없었다. 마구로는 기름기가 오르기 전에는 아카미마구로(赤身マグロ)[32]라 하고, 전체의 10~20% 정도 기름이 오르면 토로마구로(トロマグロ)로 변한다. 이처럼 같은 부위가 기름이 오르는 것으로 명칭이 바뀌는 생선은 마구로뿐이다.

기름기가 오른 토로 부분은 물론이고 붉은 살인 아카미 부분도 스시의 재료로 사용하지 않은 싸구려 생선이었다. 마구로는 메이지 시대가 끝날 무렵에 노점상에서 팔기 시작하여 다이쇼 시대[33]부터 토로를 스시의 재료로 사용하기 시작했다. 일본인의 기호의 변화도 있었겠지만 냉장고의 보급이 결정적인 계기가 되었다. 냉장고의 보급으로 지금과 같이 어패류를 신선한 상태로 스시로 만들어 먹는 것이 주류가 되었지만 마구로가 에도마에즈시의 재료로 사용될 당시만 해도 날 생선을 그대로 스시의 재료로 사용하는 일은 없었다. 냉장고가 없었기 때문에 모든 재료는 상하는 것을 막기 위해서 식초에 담그거나 소금에 절이고 아니면 뜨거운 물에 데쳤다. 마구로는 즈케(ヅケ)라고 하여 아카미를 간장에 절였다가 손님이 주문하면 잘라서 스시를 만들었다. 토로는 기름기가 많아 간장이 배이질 않아 스시의 재료로 사용할 수 없었다.

사실 마구로는 날로 먹는 것이 가장 맛있기 때문에 이렇게 간장에 절인 마구로는 인기가 없었을지도 모르겠다. 토로가 인기 있는 스시 재료로 각광받기 시작한 것은 전쟁이 끝난 후에 기름기가 많은 것을 좋아하기 시작하면서부터이다. 여러 종류의 마구로 중에서도 구로마구로(クロマグロ, 참다랑어) 또는 혼마구로(ホンマグロ)의 토로를 으뜸으로 친다. 인도양에서 잡힌다고 인도마구로(インドマグロ, 남방참다랑어)로 불리는 마구로도 구로마구로이지만 모두 냉동으로 해동 절차를 거치므로 일본 근해에서 잡히는 구로마구로와는 맛의 차이가 현저하다.

스시의 긴 역사로 볼 때 지금 최고 인기의 마구로는 의외로 그 역사가 짧다. 예전에는 마구로를 해체하고 남은 나카오치(中落ち)[34]는 숟가락이나 조개껍데기로 긁어냈던 것으로 손님에게는 절대 팔 수 없던 부위여서 대개 선창 종업원들의 식사 재료로 사용되었다. 보통 생선은 어두일미(魚頭一味)라고 하는데 특히 마구로는 머리에 숨겨진 진미가 있다. 마구로의 후두부 지방층 사이사이에 숟가락을 넣어 긁어낸 것의 맛은 최고의 토로의 맛이라고 한다. 이것으로 만들어진 스시가 네기토로(ネギトロ)[35]이다. 토로의 진한 맛에 개운한 파의 조합은 최상의 만족감을 준다. 또 이것은 샤브샤브(しゃぶしゃぶ)로 하여 네기마나베(ネギマ鍋)[36]로 먹어도 그만이다. 그런데 이 네기토로는 최상급부터 최하급까지 다양하다.

가장 싸구려 네기토로는 회로 먹을 수 없는 마구로의 붉은 살 자투리를 모아 식물성 기름을 섞어 두드려 놓은 것이다. 다음으로는 저렴한 빈나가마구로(ビンナガマグロ, 날개다랑어)나 메카지키(メカジキ, 황새치)를 사용한 보급용이 있다. 최상품은 마구로를 해체하고 남은 나카오치를 재료로 한 것이다.

마구로는 에도마에즈시를 대표하는 재료로 여러 종류가 있으나 그 중 단연 최고로 치는 것은 한 마리에 200kg이 넘는 혼마구로(ホンマグロ, 참다랑어)이다. 혼마구로는 어렸을 때는 메지(メジ), 좀 자라서는 추보(チュウボウ), 다 자라서는 시비(シビ)로 이름이 바뀐다. 시비는 한자를 '四日'로 쓰는데, 예전에 마구로의 비린내를 없애기 위해 땅속에 사흘간 묻었던 데서 유래한 것이다. 지금도 마구로 전문점에서는 하룻밤 동안 얼음물에 담가 놓는다고 한다.

일본 근해에서 잡힌 혼마구로는 최고급품으로서 안타깝게도 일반 스시 가게에서는 만나 보기가 힘들다. 우리가 보통 스시 가게에서 마주하는 마구로는 바치마구로(バチマグロ, 눈다랑어), 인도마구로, 키하다마구로, 미나미마구로(ミナミマグロ, 청새치) 등이다. 마트에서 판매하는 마구로는 대부분 냉동 눈다랑어가 많다. 일본 근

해에서 잡히는 마구로는 포획하는 마구로의 1%도 되지 않는다고
한다.

마구로는 인도양·대서양·남태평양·오스트레일리아 앞바다에
서 잡자마자 냉동되어 일본으로 온다. 마구로는 경매를 할 때는
냉동 상태이다. 냉동 상태의 토막을 사다가 해동시켜 사용한다.
에도마에(지금의 도쿄 근방)에서는 마구로의 붉은 살을 즈케(ヅケ),
즉 간장에 절여 놓았다가 스시를 만들어 먹었다. 마구로의 토로는
어린아이도 느끼는 맛있는 맛이지만 아카미는 마구로를 오랫동안
먹어온 사람만이 알 수 있는 맛이라고 한다.

마구로 양식은 주로 와카야마현(和歌山県)에서 하는데 바다에서
잡힌 어린 마구로를 활어조에서 키우기 때문에 운동 부족으로 자
연산보다 훨씬 기름기가 많다. 보통 자연산은 배 부위에만 토로가
있으나 양식은 등 쪽에서도 토로가 나온다. 회로 먹기에는 부담스

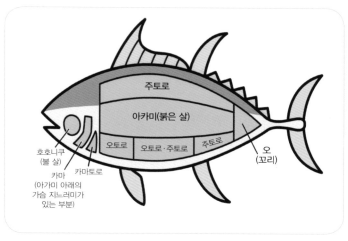

[그림 2-1] 마구로의 부위별 명칭

러울 정도의 기름기나 스시의 재료로서는 살살 녹는 맛으로 인기가 좋다(그림 2-1 참조).

3. 제철 생선이 최고

"메니아오바 야마호도도키스 하츠가츠오"(目に青葉山ほととぎす初鰹, 신록이 보일 때 산에는 두견새 초여름 가다랑어)라는 유명한 시가가 있다. 에도 시대 사람들에게 신록이 시작될 무렵의 가다랑어는 특별한 것이었다. 맏물 가다랑어는 3월에 나오기 시작하여 제철은 5월이다. 가다랑어는 선도가 떨어지기 쉬운 생선이라 에도 시대에는 바다 근처에 사는 사람들만이 가다랑어를 날것으로 먹을 수 있었다. 잡은 가다랑어를 서둘러 도쿄로 가져온 것으로 보아 가다랑어는 당시에는 꽤 비싼 생선이었던 것 같다.

가다랑어는 수온이 상승하면 떼를 지어 북상한다. 1, 2월에 남쪽 바다에서 태어난 치어가 북상하기 시작하여 가을이 되면 다시 남하하는데 이것을 모도리가츠오(戻りカツオ, 돌아온 가다랑어)라고 한다. 가을에 돌아온 가다랑어는 토로가츠오(トロカツオ)라고 할 만큼 기름이 올라 맛있는 것으로 알려져 있다. 5월에 먹는 가다랑어는 기름진 맛이 아니라 향을 즐긴다고 한다. 가다랑어는 계절에 따라 다른 맛을 즐길 수 있는 생선으로 타다키(たたき)[37]로 먹는 것을 제일로 친다.

그리고 고등어는 가을이 되면 급격하게 맛있어지는 생선이다. 살이 오를 대로 오른 고등어는 조림, 구이, 초절임 모두 맛있다. "아카사바와 요메니 구와스나"(秋サバは嫁に食わすな, 가을 고등어는

며느리에게 먹이지 마라)는 말이 있는데, 이것은 고등어가 맛있어서 며느리에게 주기 아깝다는 뜻이 아니다. 고등어는 살아서도 썩는 다고 할 만큼 급격히 부패되는 생선이다. 이렇게 위험한 생선을 예쁜 며느리에게 먹여 식중독이라도 걸리면 큰일이라고 하는 친절한 의도이다. 진짜 그런 의도였을까?

고등어를 초절임하는 것은 에도마에즈시, 즉 도쿄식 스시에서는 상식이다. 이렇게 초에 절인 고등어를 시메사바(しめサバ)라고 한다. 초에 절이기 전에 굵은 천일염을 뿌리고 식초는 합성식초가 아닌 양조식초를 사용하는 것이 맛있는 시메사바를 만드는 비결이다. 고등어를 초에 절이면 살균작용을 하게 된다. 고등어뿐만 아니라 지금도 전통적인 에도마에즈시는 모든 재료를 가공하여 사용한다.

규슈(九州)에서는 나마스시(生寿司)라고 해서 고등어를 날로 먹는다. 와카야마현(和歌山県), 미에현(三重県)에서도 먹는다고 한다. 오이타현(大分県)의 사가노세키(佐賀関)에서 잡히는 세키사바(関サバ)가 전국적으로 고급품으로 유명하다. 간토[38] 지방에서는 고등어를 날로는 거의 먹지 않는다.

에도마에즈시의 대표적인 재료인 고하다(コハだ, 중간 크기의 전어)는 졸여도 맛이 없고 구워도 별로지만 스시로 만들면 이것만큼 맛있는 생선이 없다고 한다. 스시를 위한 생선인 것이다. 특히 7월 중순부터 8월 중순까지 스시 가게의 주인공인 고하다의 치어, 즉 신코(シンコ)는 섬세한 맛이 좋아 많은 사랑을 받는다고 한다. 다 자란 고하다는 15cm 정도 되지만 신코는 5cm에 불과하다. 살이 얇아 입에 들어가면 그대로 녹아버린다. 그 허무함이 더욱 더 신코를 찾게 하는지도 모르겠다. 스시 한 개에 신코 4마리를 사용

한다. 손질 방법은 고하다와 같지만 작기 때문에 더욱 더 공이 들어간다. 5cm밖에 안 되는 생선의 비늘을 긁어내고 뼈를 바르려면 고도의 기술과 집중력을 필요로 한다.

스시의 주재료인 생선은 그 한자 이름의 부수가 '어'(魚)인 것이 대부분이다. 그리고 한자를 보면 아주 쉽게 제철을 알 수 있는 것도 있다. 사와라(鰆, 삼치: 魚＋春)는 3, 4월이 제철이고, 카지카(鰍, 둑중개: 魚＋秋)는 가을, 코노시로(鮗, 전어: 魚＋冬)는 겨울이다. 또 삼마(秋刀魚, 꽁치)는 가을, 타라(鱈, 대구: 魚＋雪)와 부리(鰤, 방어: 魚＋師)[39]는 겨울이 제철이다.

일본어로는 이 제철을 순(旬)[40]이라고 한다. 가장 맛있는 시기에 그 재료를 즐기는 것도 스시를 먹는 즐거움 중 하나이다.

일찍이 에도마에의 바다는 조개의 보고였다. 전복·새조개·가리비·소라·왕우럭조개·키조개·굴 등이 잡혔다. 지금도 모시조개·대합·명주조개·피조개 등이 잡힌다. 츠키지(築地)[41]의 수산시장에는 지바현(千葉県)의 우라야스(浦安)를 거쳐서 온 조개가 대부분이다. 산지에서 잡은 조개도 있지만 전국에서 잡힌 조개는 일단 우라야스로 집결된다. 그 이유는 우라야스 지역이 조갯살을 까는 기술이 뛰어나기 때문이라고 한다.

여러 재료 중에서도 조개는 제철을 꼭 알아 두어야 한다. "나츠노 하마구리와 이누모 구와나이"(夏のハマグリは犬も食わない, 여름 대합은 개도 안 먹는다.), "무기노호가 데타라 아사리오 구우나"(麦の穂が出たらアサリを食うな, 보리 이삭이 나오면 모시조개를 먹지 마라), "하나미오 스기타라 가키오 구우나"(花見を過ぎたらカキを食うな, 벚꽃놀이 때가 지나면 굴을 먹지 마라)와 같이 조개의 제철에 관한 속담이 있다.

구분	가장 맛있을 때	맛있을 때
참치(まぐろ 마구로)	1~2월	3월, 11~12월
방어(ぶり 부리)	1~2월, 12월	3월, 11월
피조개(赤貝 아카가이)	1월, 12월	2~3월, 11월
패주(貝柱 가이바시라)	1월, 12월	2~3월, 11월
문어(たこ 타코)	1월, 12월	2월, 11월
광어(平目 히라메)	1~2월	3월, 11~12월
새조개(鳥貝 토리가이)	1~2월	3월, 11~12월
전어(こはだ 코하다)	11~12월	1~3월, 10월
대합(はまぐり 하마구리)	2~3월	1월, 12월
학공치(さより 사요리)	2~3월	1월, 4월
도미(鯛 타이)	5월 초순~7월 초순	2~4월
가다랑어(かつお 카츠오)	5월 초순~9월 초순	4월 초순~5월 초순
전갱이(あじ 아지)	5월 초순~8월	9월
갯가재(しゃこ 샤코)	6월 초순~7월	5~6월 초순
농어(すずき 스즈키)	7~10월 초순	6월
붕장어(あなご 아나고)	7~8월, 9월 초순	6월, 9월
새우(えび 에비)	7~8월, 9월 초순	6월 초순, 9월 초순~10월 지나서까지
전복(あわび 아와비)	7~9월, 10월 초순	6월
고등어(さば 사바)	9~11월, 12월 초순	8월, 12월
오징어(いか 이카)	10월 초순, 11~12월	9월 초순~10월 초순

산란기를 맞은 여름 조개는 맛이 떨어지는 것은 물론 식중독을 일으키기 쉽다. 옛날에는 3월 3일 히나마츠리(ひな祭り)로 조개류 먹는 것을 끝내고 8월 15일까지 기다렸다 먹었다고 한다. 그러나 여름이 제철인 조개류도 있다. 소라와 전복이다. 가츠오(鰹, 가다랑어)는 옛날에는 '견어'(堅魚)라고 썼다고 한다. 말리면 딱딱해지는 생선으로 인식되었기 때문이다.

4. 밥맛을 좌우하는 쌀과 배합초

맛있는 샤리

스시의 맛은 50% 이상이 샤리(シャリ, 스시용 밥)에 의해 결정된다고 할 수 있다. 밥과 초대리가 잘 어우러지는 데 걸리는 시간은 1~2시간 정도이며 누룽지가 섞여서는 절대 안 된다. 밥을 짓는 방법도 중요하지만 밥에 섞는 초대리도 매우 중요하다. 에도마에 즈시의 시작은 독특한 향과 감칠맛이 있는 술지게미로 만든 식초에서 비롯되었는데, 현재는 쌀식초와 술지게미로 만든 식초를 섞은 것을 많이 사용한다고 한다. 초대리를 만들 때는 식초와 소금의 배합이 중요하다. 여기에 설탕을 첨가하는데 설탕은 단맛을 내는 역할도 하지만 샤리가 식어도 딱딱해지는 것을 막아준다. 전문점에는 대부분 토레하(トレハ)를 사용하는데 이것은 전분에 효소를 첨가한 '트레할로스'(trehalose)의 상품명이다. 단맛이 설탕의 약 40%에 해당하는 당질로 버섯류나 해초류에 포함되어 있고, 전분의 노화와 단백질 변성, 잡내, 변색 억제의 기능이 있으며, 냉동보관에도 품질이 떨어지는 것을 막는 효과와 재료가 가진 고유의 맛을 살려주는 기능이 탁월하다. 그 밖에 '스이한미오라'(炊飯すいはんミオラ, 상품명)라는 쌀의 전분과 단백질을 분해하는 천연효소제도 많이 사용하는데 밥의 윤기와 감칠맛을 더해 주고 밥알이 고슬고슬해져 샤리를 만들기가 좋다고 한다.

초대리의 비율

초대리의 비율은 간사이 지방과 간토 지방이 스시의 맛이 다르므로 차이가 있다. 간토 지방의 에도마에즈시보다 간사이 지방의 간사이즈시는 단맛이 강한 편이다. 또 같은 지역이라 하더라고 가게마다 각자 다른 비율과 비법을 갖고 있다. 일반적인 비율은 쌀 1되(180cc)에 식초 180~230cc, 설탕 40~130g, 소금 40~50g이다. 아래의 표와 같이 지역과 가게에 따라 초대리의 비율은 차이가 있으며 여기에 토레하를 추가로 사용하기도 한다.

간토 지역 A점	식초(쌀) 180cc	설탕 70g	소금 40g
간토 지역 B점	식초(쌀+술지게미식초) 180cc	설탕 55g	소금 45g
간사이 지역 A점	식초(쌀) 180cc	설탕 130g	소금 50g
간사이 지역 B점	식초(쌀) 180cc	설탕 100g	소금 50g

샤리의 기술

쌀은 물에 들어가자마자 수분을 흡수하기 때문에 정수나 천연수에 필요한 분량의 쌀을 넣은 후 살짝 저어 불순물을 떨어뜨린 후 비비듯이 주무르며 재빨리 씻어내는 것이 중요하다. 그 후에 3회 정도 헹궈낸 후 정수나 천연수를 넣어 40분 정도 불리는데, 물의 온도는 12℃ 정도가 적당하며 효소제를 첨가할 경우 이때 넣는다.

샤리를 넣을 때 사용하는 나무통과 주걱은 물에 적신 후 물기를 잘 닦아낸다. 밥이 완성되면 효소제를 넣은 경우에는 30분, 넣지 않은 경우에는 25분 정도 뜸을 들이는데, 밥에 구멍이 많이 생기면 잘 된 밥이다. 밥을 나무통에 산 모양으로 옮겨 담은 후 초대리를 골고루 뿌린다. 밥을 섞으면서 앞쪽으로 모은다. 초대리가 아래로 흐르므로 밥을 아래에서 위로 들어올리듯이 섞는다. 주걱을

세워서 덩어리가 생기지 않도록 세로로 자르면서 섞는다. 이렇게 밥을 자르듯이 섞기 때문에 '샤리키리'(シャリ切り)라고 한다. 샤리의 아래 위를 주걱으로 뒤집으면서 섞어 남은 열을 식혀 보관용 밥통에 옮겨 담는다.

chapter 3

스시의 종류

스시의 종류

1. 지역별 스시와 특징

도쿄스시 vs 간사이즈시

에도마에즈시(도쿄스시)와 간사이즈시, 그 중에서도 교스시(京寿司, 교토스시)의 가장 큰 차이는 스시를 만드는 밥의 간이다. 교스시에는 에도마에즈시보다 밥에 들어가는 설탕이 3배나 많다. 그 이유는 간사이즈시는 보존식이고 에도마에즈시는 패스트푸드에 해당하기 때문이다. 설탕에 절이는 것은 소금에 절이는 것과 마찬가지로 보존효과가 높다. 나고야(名古屋)의 스시는 도쿄와 교토의 중간 단맛을 내는데 서쪽에서 동쪽으로 갈수록 단맛이 줄어드는 것이 재미있다. 에도마에 니기리즈시의 밥은 스시 재료의 맛을 받쳐주는 조연이라고 한다면 간사이즈시의 밥은 스시 재료와 공동주연과 같은 역할을 한다.

스시의 밥에서 가장 중요한 요소는 쌀의 '품질'이다. 품질이라고 해서 상표가 아니라 얼마만큼 잘 '건조'되었느냐가 관건이다. 요즘처럼 탈곡 후에 기계의 열풍으로 강제 건조시킨 쌀은 스시를 만들 때 초가 잘 스며들지 않는다. 이렇게 스시에서는 쌀의 상표나 밥 짓는 방법보다는 자연 건조시킨 쌀이 스시의 맛을 좌우한다. 에도마에즈시는 밥의 온도가 사람 체온 정도인 것을 가장 최적으로 하는 반면 간사이즈시는 완전히 식혀서 사용한다. 설탕을 많이 사용하여 보존성이 높은 간사이즈시는 하루 정도 지나서 먹으면 숙성이 되어서 더욱 맛있지만 에도마에즈시는 시간이 지나면 맛이 없어질뿐더러 밥도 사용할 수가 없다.

스시 밥의 간은 설탕·식초·소금의 밸런스로, 즉 배합초의 맛으로 결정된다. 가장 어려운 것은 설탕의 양 조절이다. 너무 달면 흰살 생선과 같이 담백한 맛을 가진 재료는 밥의 단맛 때문에 맛이 가려진다. 스시 가게에도 계통이 있어서 경력이 있는 스시 조리사는 스시의 밥을 먹어보면 어느 계통인지 구별이 간다고 한다. 에도마에즈시의 밥은 단맛을 보완하기 위해서 술을 사용하는 경우도 있으나 기본적으로는 식초와 소금만으로 간을 한다. 식초와 소금의 균형이 잘 맞은 스시의 밥은 그 자체로 안주가 될 정도로 맛이 좋다고 한다.

그러므로 대부분 식초와 소금의 배합은 각 점포마다 독자적인 것으로, 며느리도 모르는 비법이다. 스시의 밥에 사용하는 식초는 아카즈[42]와 시라즈[43]가 있다. 간사이 지방에서는 아카즈를 많이 사용하여 밥에 살짝 붉은 기가 돈다. 에도마에즈시는 시라즈를 사용

〈표 3-1〉 도쿄스시와 간사이즈시의 특징

구분	맛이 가장 좋을 때	조리 시 밥의 온도	사용하는 식초
도쿄스시 (에도마에즈시)	즉석식이어서 만든 직후	사람 체온 정도	시라즈
간사이즈시	하루 후 (보존식이어서 설탕이 많이 들어감)	식혀서 사용	아카즈 (밥에 붉은 기가 듦)

하는데, 배합초를 밥에 넣는 타이밍이 중요하다. 밥이 막 되자마자 넣으면 식초가 잘 스며들지 않고, 시간이 너무 지나서 넣게 되면 밥이 굳어져 식초로 질척질척해진다. 식초를 넣자마자 부채 같은 것으로 바람을 넣어주면 밥에서 윤기가 도는데 간사이 지방에서는 하지 않는 것이 일반적이다.

요즘은 밥을 지을 때 쌀의 전분과 단백질을 분해해서 쌀의 감칠맛과 부드러움을 끌어내는 효소제 첨가도 많이 한다고 한다.

다른 여러 지역의 스시

스시의 종류는 일본의 각 고장의 숫자만큼이나 많다고 해도 과언이 아닐 만큼 다양하다. 한국에 각 지방의 풍토에 따른 다양한 김치가 존재하듯이 스시는 그 고장의 풍토에서 생겨난 식문화를 대표하는 음식이기 때문이다. 무수한 종류의 스시가 있지만 대표적인 몇 종류만 살펴보면 다음과 같다.

● **고치현(高知県)의 사바노스가타즈시(サバの姿寿司)**

스가타즈시는 생선 안에 식초로 간한 밥을 채워 넣어 생선 모양대로 만드는 스시를 말한다. 고등어를 사용하여 만들었는데 비린내를 잡기 위해 유자즙을 많이 사용한 것이 특징이다.

● **구마모토현(熊本県)의 도키즈시(ときずし)**

생선의 뼈와 서덜을 졸인 국물로 밥을 하여 만든 치라시즈시(ちらし寿司)이다.

● **가고시마현(鹿児島県)의 사케즈시(酒ずし)**

가고시마현의 특산주로 밥을 간하여 단맛을 낸다. 나무통에 채소와 생선 등 재료를 켜켜이 놓아가며 단맛을 내는 독주를 뿌린 후 뚜껑으로 눌러 만드는 치라시즈시의 한 종류이다.

● **오키나와현(沖繩県)의 다이토즈시(大東寿司)**

날치 등의 흰살 생선의 토막을 간장에 담가 놓았다가 스시의 밥 위에 올린다. 와사비가 아니라 겨자를 사용한다.

● **나라현(奈良県)의 츠루베즈시(つるべ寿司)**

요시노(吉野) 강에서 잡히는 은어의 배를 갈라 속의 뼈를 제거한 후 소금에 절인 것을 밥과 한꺼번에 둥근 스시 통에 눌러 담는다. 스시 통이 츠루베(つるべ, 두레박)를 닮은 데서 생긴 이름이다.

● **오사카의 밧테라(バッテラ)**

고등어로 만든 오시즈시(押し寿司)로 밧테라는 포르투갈어로 작은 배(bateira), 즉 보트를 뜻한다. 처음에는 전어를 사용했지만 가격이 비싸 고등어를 사용하게 되었다. 교토에서는 사바즈시(サバ寿司 고등어초밥)로 부른다.

● **오카야마현(岡山県)의 마츠리즈시(祭り寿司)**

채소나 산채, 어패류를 듬뿍 사용한 일본 최고의 호화로운 치라시즈시이다. 모양도 아름답고 축제 때 먹는다. 각 가정마다 솜씨를 뽐내는 스시를 만들어 서로 선물하는 습관이 있다.

● **도쿄의 사사마키즈시(笹巻きずし)**

광어, 도미, 새우, 초를 친 다시마 얇게 썬 것, 전어 등을 식초와 소금으로 간하여 스시의 밥으로 단단하게 뭉친 다음 얼룩조릿대로 감은 스시이다. 에도 시대 중기에 생겼다. 생선의 작은 가시를 빼낼 때 족집게를 사용하여 게누키즈시(毛抜きずし)[44]라고도 한다.

● **시가현(滋賀県)의 후나즈시(フナずし)**

비와 호수 주변에서 만들어진 일본에서 가장 오래 된 스시로 후나(フナ, 붕어)의 뱃속에 밥을 넣고 붕어와 붕어 사이에도 밥을 깐 후 무거운 돌로 눌러 6개월~1년간 절인다. 독특한 냄새가 있다. 숙성시킨 후 생선만 얇게 썰어서 먹거나 오차즈케(お茶漬け)[45] 위에 올려서 먹는다.

● **아키타현(秋田県)의 하타하타즈시(ハタハタずし)**

생선과 채소를 함께 절이는 이즈시(飯寿司)[46]의 대표적인 것으로 하타하타는 아키타현 명물인 도루묵이다. 2~3일 소금에 절인 후에 하룻밤을 더 절여 사용한다.

● **야마가타현(山形県) 사카다시(酒田市)의 카유즈시(かゆずし)**

발효시킨 밥과 누룩에 술과 소금을 넣고 잘게 찢은 연어, 잘게 부순 청어알, 김, 당근 등을 넣고 다시 발효시킨 것으로 카유(かゆ, 죽)와 같은 상태의 스시이다.

● **도야마현(富山県)의 마스즈시(マスずし)**

얼룩 조릿대를 깐 둥근 그릇에 스시의 밥을 채워 넣고 그 위에 맛술로 간을 한 송어 토막을 올리고 뚜껑을 덮어 눌러서 만든다. 역에서 파는 에키벤(駅弁, 도시락)으로 유명해졌다.

● **이시카와현(石川県)의 카브라즈시(かぶらずし)**

카브라(かぶら)는 카브(かぶ, 순무)를 말한다. 순무를 둥글게 썰어 방어 토막 사이에 끼운다. 밥과 누룩을 미리 발효시켜 놓은 뒤 순무와 방어에 발라서 절인다.

2. 조합 형태에 따른 종류

스시는 초밥 위에 생선을 얹었느냐, 눌렀느냐, 올려서 눌렀느냐에 따라 니기리즈시, 오시즈시, 오코시즈시, 마키즈시로 불린다.

니기리즈시는 우리가 먹는 일반적인 스시(에도마에즈시)이다. 치라시즈시는 오시즈시에 들어가는 재료를 '누르지 않고' 밥 위에 '얹어서' 먹기 시작한 것에서 비롯되었다고 하기도 하고, 고모쿠메시[47]가 상하는 것을 막기 위해 식초를 넣은 것에서 시작되었다고도 한다. 간토 지방에서는 생선이나 고기가 들어가지 않는 고모쿠즈시, 간사이 지방에서는 생선이 들어가는 바라즈시[48]와 큰 상자에 조리한 생선살, 다진 채소 등을 밥 위에 올린 오코시즈시(お越し寿司) 등이 있다.

여러 가지 재료가 아니라 한 가지 재료만 밥 위에 올린 것은 돈부리(どんぶり, 덮밥)라고 한다. 뎃카돈부리(鉄火丼, 참치덮밥), 아나고돈부리(あなご丼, 붕장어덮밥), 이쿠라돈부리(いくら丼, 연어알덮밥), 가이센돈부리(海鮮丼, 해산물덮밥) 등이 있다.

오시즈시는 간사이즈시의 한 종류로 오시(押し, 누르다)의 의미처럼 누름초밥을 말한다. 우리가 현재 먹는 스시의 형태인 니기리즈시가 생기기 전에는 스시라고 하면 이 오시즈시, 즉 간사이즈시였다. 1600년대 후반에 밥에 식초를 넣는 하야즈시[49]가 생긴 후에 스가타즈시[50], 하코즈시[51]가 생겨났다. 오시즈시 중에는 밧테라(バッテラ, 배 모양 상자초밥)[52]라는 것이 있는데, 재료는 주로 고등어를 사용하며 하코즈시보다는 크기가 작다. 하코즈시는 12등분, 밧데라는 6등분으로 자르는 것에서 그 크기를 알 수 있다.

마키즈시(巻き寿司)는 김초밥을 말한다. 마키(巻き)는 '감다'라는

〈표 3-1〉 조합 형태에 따른 스시의 종류

구분	방법	해당 스시
얹은 형태		니기리즈시
		치라시즈시
누른 형태		오시즈시(간사이즈시)
올려주는 형태		오코시즈시
감은 형태		마키즈시

의미로 말 그대로 김으로 만 것이다. 종류는 칸표마키(カンピョウ巻き, 박고지김초밥), 뎃카마키(鉄火巻き, 참치김초밥), 갓파마키(カッパ巻き, 오이김초밥) 등이 있으며 두껍게 만 것은 후토마키,[53] 계란을 만 것은 다테마키(だて巻き)라고 한다. 세츠분(節分)[54]에 복을 비는 마음으로 길한 방향을 향해 자르지 않고 먹는 에호마키(惠方巻き)[55]

와 김이 안으로 가고 밥이 바깥으로 가는 캘리포니아롤 같은 우라마키(裏巻き)[56]가 있다. 반으로 자른 김을 손 위에 놓고 도구를 사용하지 않고 고깔 모양으로 마는 테마키즈시[57]가 있다.

이나리즈시(いなり寿司)는 유부초밥을 말하는데 단맛이 상당히 강하다. 이나리즈시는 1800년대에 생겨났다고 하나 확실하지는 않다. 다만 에도 시대 기록에 의하면 가장 싸구려라는 평가로 가정에서는 먹지 않았고 사먹는 음식이었다고 한다. 형태도 지금과는 달리 마키즈시와 같은 형태로 기록에 남아 있다. 마키즈시는 일설에는 스가타즈시(姿寿司)에서 시작되었다고 하는데 확실하지는 않다. 이나리즈시와 마키즈시의 모둠 세트를 스케로쿠(助六)[58]라고 한다.

이 세트는 편의점에서도 판매하기 때문에 젊은이들도 잘 아는 이름이다. 가부키(歌舞伎)에서 스케로쿠의 연인이 되는 유녀의 이름이 아게마키(揚巻)이기 때문이다. 이나리즈시는 아브라아게(油揚げ, 유부)로 만들기 때문에 이나리즈시의 재료인 아브라아게(油揚げ)와 마키즈시(巻き寿司)를 한 글자씩(아게 揚げ+마키 巻き) 합친 재치 있는 말장난에서 온 이름이다.

3. 니기리즈시의 종류

스시를 좋아하고 관심이 있는 경우에는 재료에도 상당한 관심을 갖게 된다. 현재 보통 스시라고 하면 에도마에 니기리즈시(江戸前握り寿司), 즉 니기리즈시를 말한다. 좋아하고 아는 재료로 만든 스시에는 망설임 없이 손이 가지만 모르는 재료나 생소한 재료는

선뜻 손이 가지 않는다. 아는 만큼 보이는 것처럼 재료를 잘 알면 더 많은 즐거움과 새로운 맛의 경험이 따라올 것이다.

〈표 3-2〉 생선류

가츠오(かつお)	가다랑어	카사고(かさご)	쏨뱅이
카레이(かれい)	가자미	오니오코제(おにおこぜ)	쑤기미
히메마스(ひめます)	각시송어	안코(あんこう)	아귀
다치우오(たちうお)	갈치	하마다이(はまだい)	양초꼬리돔
하모(はも)	갯장어	코치(こち)	양태
사바(さば)	고등어	메다이(めだい)	연어병치
히라메(ひらめ)	광어	아마다이(あまだい)	옥돔
카마스(かます)	꼬치고기	마스노스케(ますのすけ)	왕연어
삼마(さんま)	꽁치	소이(そい)	우럭
스즈키(すずき)	농어	아유(あゆ)*	은어
노도구로(のどぐろ)	눈볼대	쿠에(くえ)	자바리
마하타(まはた)	능성어	히메다이(ひめだい)	자붉돔
타라(たら)	대구	칸파치(かんぱち)	잿방어
이시다이(いしだい)	돌돔	아지(あじ)	전갱이
메누케(めぬけ)	돌삼뱅이	코하다(こはだ)	전어**
부리(ぶり)	방어	마이와시(まいわし)	정어리
이사키(いさき)	벤자리	시마아지(しまあじ)	줄무늬전갱이
마나카츠오(まなかつお)	병어	아이나메(あいなめ)	쥐놀래미
키스(きす)	보리멸	카와하기(かわはぎ)	쥐치
메바루(めばる)	볼락	마다이(まだい)	참돔
히라마사(ひらまさ)	부시리	마구로(まぐろ)	참치
아나고(あなご)	붕장어	인도마구로(いんどまぐろ)	남방참다랑어
킨메다이(きんめだい)	빛금눈돔	메바치마구로(めばちまぐろ)	눈다랑어
사와라(さわら)	삼치	카지마구로(かじまぐろ)	새치류
카스고(かすご)	새끼도미	사요리(さより)	학꽁치
케이지(けいじ)	새끼연어	키치지(きちじ)	홍살치

이보다이(いぼだい)	샛돔	타카베(たかべ)	황조어
호보(ほうぼう)	성대	쿠로무츠(くろむつ)	흑게르치

*새끼 은어는 치아유(ちあゆ)
**전어는 성장에 따라 신코(しんこ, 4~6cm)와 고하다(こはだ, 10~14cm), 나카즈미(なかずみ, 약 15cm), 코노시로(このしろ, 약 17cm)로 구분함.

〈표 3-3〉 갑각류, 연체류, 알

고이카(こういか)	갑오징어	구루마에비(くるまえび)	보리새우
스루메이카(するめいか)	살오징어	시라에비(しらえび)	쌀새우
켄사키이카(けんさきいか)	창꼴뚜기	즈와이가니(ずわいがに)	대게
야리이카(やりいか)	화살꼴뚜기	케가니(けがに)	털게
아오리이카(あおりいか)	흰꼴뚜기	이쿠라(いくら)	연어알
샤코(しゃこ)	갯가재	카즈노코(かずのこ)	청어알
아마에비(あまえび)	단새우	코모치콘부(こもちこんぶ)*	청어알 다시마
이세에비(いせえび)	닭새우	미즈다코(みずだこ)	대문어
보탄에비(ぼたんえび)	모란새우	마다코(まだこ)	참문어

*코모치콘부(こもちこんぶ) : 청어가 알을 낳은 다시마를 소금에 절인 것.

〈표 3-4〉 조개, 계란

호타테가이(ほたてがい)	가리비	사자에(さざえ)	소라
아오야기(あおやぎ)	개량조개	미루쿠이(みるくい)	왕우럭조개
카키(かき)	굴	아와비(あわび)	전복
하마구리(はまぐり)	백합	나미가이(なみがい)	코끼리조개
우바가이(うばがい)	북방대합	타이라가이(たいらがい)	키조개
에조보라(えぞぼら)	북방매물고둥	아카가이(あかがい)	피조개
토리가이(とりがい)	새조개	케라다마(けら玉)*	달걀구이
우니(うに)	성게	다시마키다마고 (だし巻き玉子)**	달걀구이

*케라다마 : 새우나 생선살을 넣고 굽는 것.
**다시마키다마고 : 다시마를 우린 국물만 넣고 굽는 것.

chapter 4

스시 즐기는 비법

스시 즐기는 비법

1. 먹을 때 유의해야 할 팁

먹는 순서는 어떻게?

스시는 다마고스시(玉子寿司, 계란초밥)부터 먹어 보라는 말이 있다. 계란말이로 스시 조리사의 실력을 가늠할 수 있다는 것인데, 에도마에즈시 가게에서는 대부분 직접 계란말이를 했기 때문이다. 요즘은 만들어진 계란말이를 사다 쓰는 가게도 많다고 하니, 이제 계란말이로 스시 실력을 가늠해 볼 수는 없게 되었다.

그런데 오카모토카노코(岡本かの子)가 1940년에 쓴 단편소설 「스시」(鮨)에 보면, 편식이 너무 심해서 생선을 전혀 먹지 못하는 아이가 있었다. 이 아이의 어머니는 어떻게든 생선을 먹이겠다는 일념으로 스시 조리사가 되어 스시를 아이의 눈앞에서 만들어서 먹인다. 처음에는 계란말이 스시를 만들어 주자 아이가 맛있게 다 먹었다. 다음으로 만들어 준 오징어 스시도 잘 먹었다. 그 다음에는 흰살생선이었는데, 망설이다가 다 먹었다. 아이는 처음으로 생선을 다 먹었다는 것에 흡족해 한다. 어머니의 애정으로 아이는 편식을 하지 않고 건강하게 자란다.

이야기의 무대가 되는 스시 가게에서 단골인 초로의 신사가 말해 주는 스시에 대한 추억과 함께 이 신사가 먹는 순서가 나오는 데, 주토로(中卜口)로 시작하여 졸인 붕장어나 대합을 먹고 그 다음은 푸른 생선 그리고 계란말이 스시와 김초밥으로 마무리한다. 농후한 맛으로 시작해서 담백한 맛으로 간 것이다. 이것은 현재 말하는 순서와는 반대이다.

그럼 어떤 순서대로 먹어야 하는가? 먹고 싶은 것부터 먹으면 된다고 한다. 아니면 오마카세(おまかせ, 맡기다)라고 하여 스시 조리사에게 맡기는 것도 하나의 방법이다.

스시를 먹을 때에는 와사비가 필수이다. 혀로도 맛을 느끼지만 입에 넣었을 때 코로 톡 쏘는 맛과 하나가 되어 맛을 느낀다. 와사비는 스시의 재료에 따라 양이 달라진다. 지방이 많은 재료는 와사비의 맛을 잘 느낄 수가 없다. 오징어에 와사비 맛이 잘 어울리는 것은 지방이 없는 재료이기 때문이다. 마구로의 붉은 살(赤身, 아카미)은 와사비의 맛을 잘 느낄 수가 없다. 그래서 와시비의 양을 다른 재료보다 늘려서 사용한다. 마구로의 지방이 많은 부분인 토로(卜口)는 더 많은 와사비를 사용한다.

굳이 스시 조리사의 실력이 궁금하다면 고노시로스시(鐵魚鮨, 전어스시)를 시켜 보면 된다. 전어는 잔가시가 많고 살이 부드러워서 날로 먹지 않고 초절임을 해서 먹는데, 밑 손질을 제대로 하지 못하면 비린내가 날 수 있기 때문이다. 사실 스시 메뉴는 비싸다. 양식당 메뉴가 원가의 3배 정도라면 스시 메뉴는 원가의 5배 이상이며, 최고급 스시 가게에서 오토로(大卜口)는 원가의 10배가 넘는 경우도 있다.

처음 들어간 스시 가게에서 카운터에 서 있는 스시 조리사가 쓱 눈길을 주면 당황스럽다는 사람도 있는데, 그것은 손님을 살핀 후

적절한 응대를 하기 위한 것이라고 한다. 스시를 먹는 매너에는 특별한 것이 없다. 그냥 상식적인 테이블 매너만 있으면 충분하다.

간장 찍는 방법

스시를 먹을 때 간장을 생선에 찍을지 밥에 찍을지 헷갈린다. 생선, 즉 재료가 밑으로 가 있는 상태에서 간장을 찍어서 먹는다. 혀에 생선이 직접 닿으면 더 맛있게 느껴지기 때문이다. 군칸마키나 생선에 생강이나 양념이 올라 있는 경우에는 뒤집을 수가 없는데 이런 경우에는 가리를 붓 삼아서 간장을 바르는 것은 괜찮다.

그런데 깔끔하게 먹겠다는 의지로 생선만 들어내어 간장을 찍어 다시 밥 위에 얹어서 먹는 사람이 있는데, 이것은 애써 빚어낸 스시의 맛을 망쳐 버리는 행위로 그야말로 스시 가게의 폭탄과도 같은 존재이다. 또 가리(ガリ, 생강)에 간장을 찍어 스시에 올려 먹기도 하는데 이것 역시 해서는 안 된다.

가리는 살균제

가리는 스시의 맛을 한층 돋워 주는 것으로 에도마에즈시의 변화에 따라 생겨났다. 냉장고의 보급으로 스시의 재료를 익히거나 소금이나 식초·설탕 등에 절이지 않은 날것 그대로 사용하게 되면서 식중독을 예방하기 위해서 가리를 먹게 되었다. 생강은 뛰어난 살균작용이 있어 기생충인 아나사키스를 죽이는 역할을 하며 생선의 비린내를 잡아주어 식욕을 증진시킨다. 또 단백질을 분해하여 소화를 촉진하는 효과도 있다. 우스갯소리로 스시를 먹으면서 가리를 먹지 않으면 스시에게 실례라고 할 정도로 스시를 먹을 때 입 안을 개운하게 한다.

젓가락이 나을까 손가락이 나을까

손으로 먹는 것이 옳은지 젓가락으로 먹는 것이 옳은지에 대해서는 의견이 분분하다. 잘 만들어진 부드러운 스시는 부서지기 쉽기 때문에 손으로 먹어야 한다는 의견도 있고, 손으로 먹게 되면 먼저 먹은 스시 재료의 냄새가 손에 남기 때문에 젓가락이 좋다는 의견도 있다. 손을 선호하는 사람들은 냄새는 물수건으로 닦으면 된다고 주장하는데, 각자의 취향대로 맛있게 먹으면 되는 것 아닐까.

스시를 먹을 때는 간장과 와사비뿐 아니라 다양한 양념과 츠마(ツマ, 곁들이는 것),[59] 조미료로 재료의 맛을 한층 더 살리는데, 가다랑어와 전갱이 스시에는 생강과 파를 곁들인다. 토로스시에 파를 곁들이고, 붕장어 김초밥에 오이를 함께 말아서 넣고, 전어 스시에 가리를 곁들이는데, 이런 츠마는 풍미와 색감을 더해 주는 것은 물론 살균작용과 기생충을 죽이는 역할까지 해 준다.

차를 마셔야 하는 이유

또 한 가지, 스시의 맛을 살려주는 것은 차(茶)이다. 스시의 조연이라고 해도 과언이 아니다.

보통 차는 식사가 끝난 후에 내는 것이지만 스시의 경우에는 처음부터 차를 낸다. 스시를 먹으면 평소보다 많은 양의 차를 끊임없이 마시게 되는데 스시의 염분이 생각보다 높아 목이 마르기 때문이다. 이렇게 목이 말라서 차를 마시는 이유도 있지만 스시를 먹을 때 차의 가장 중요한 역할은 스시를 먹은 후에 입 안에 남는 생선의 기름기를 제거하는 것이다. 그래서 스시를 먹을 때의 차는 진하고 뜨거운 것이 좋다. 가리와는 다른 일종의 입가심이다. 진하고 뜨거운 차를 조금씩 마시면서 혀끝에 남아 있는 기름기와 먼저 먹은 스시의 맛을 없애서 다음에 맛볼 스시를 위해 미각을 신선하게 해주는 것이다.

원래 스시는 노점에서 서서 먹는 싸구려 음식이었다. 그때 제공된 차는 가장 저렴한 가루차였는데, 맛으로 보면 스시와 잘 어울렸다. 가루차는 비싼 차와 달리 고급스러운 향과 맛이 없는데, 이 점이 스시의 맛을 떨어뜨리지 않기 때문이다. 그래서 스시 가게에

태평양전쟁과 스시 : 스시를 두 개씩 놓게 된 유래

1937년부터 1951년까지 태평양전쟁으로 인해 일본의 국민 생활은 국가의 엄격한 통제를 받았다. 1939년부터 쌀 배급제도(하루에 415ml 정도)가 시작되는데, 턱없이 적은 배급량으로 인해 암거래가 이루어졌다. 전쟁이 시작되자 거의 모든 음식점들은 폐업했으며, 전후에도 식료품에 대한 통제와 암거래에 대한 감시가 심하였다. 일반 음식점들이 다시 영업을 시작한 시기는 1950년부터이지만 스시집은 1947년부터 이미 영업을 재개하였다. 영업을 먼저 재개할 수 있었던 이유는 위탁가공제도에 있었다. 손님이 쌀 1홉(合)[60]을 가져오면 니기리즈시와 김말이 초밥으로 만들어 주고 수고비를 받는 방식이었다. 스시의 재료는 통제를 받지 않은 식재료인 조개나 민물생선을 사용했다.

도쿄에서 시작한 이 제도는 전국으로 퍼져 결국 에도마에 니기리즈시(현재와 같은 스시) 보급에 한몫을 하였다. 간사이 지방의 스시집에도 위탁가공제도가 도입되어 에도마에 니기리

서는 주로 분말차를 사용한다.

스시 가게의 찻잔은 상당히 크고 두꺼운데, 가루차는 뜨거운 물을 부어야 하기 때문이다. 그리고 예전에 노점상에서는 차를 자주 따라주기가 번거로워서 큰 찻잔을 사용했는데, 그 전통이 그대로 지금까지 이어져 온 것이다. 일본차의 역사는 805년 당나라에 사신으로 간 사이초(最澄)가 차 씨를 가지고 돌아와 일본에 차를 퍼뜨리게 된 것으로 시작되었다.

즈시를 취급하기도 하였다. 현재의 스시집에서 파는 1인분의 양은 위탁가공제도 당시의 양이 기본이 되었다. 쌀 1홉과 교환된 1인분에 해당하는 스시의 양은 열 개(10貫, 캉)[61]로 니기리 스시 8개, 김말이 초밥이 2개로 구성되었다. 이 위탁가공제도는 국가의 통제 하에서 어떻게 해서든 다시 장사를 하려고 동서분주했던 스시 장인들의 열의와 아이디어의 산물이었다.

스시의 밥은 부드럽게 쥐어서 단단하게 하지 않고 양은 적게 하는 것이 오늘날 스시의 경향이다. 일반적으로 스시 1개(1貫)에 해당하는 밥의 양은 15~20g이 표준이 되지만 재료를 중시하는 고급 스시 가게에서는 밥의 양이 더 적어지고 있다.

생선 이름이나 그 외의 재료를 말하고 주문하면 스시가 2개씩 나오는 현재의 시스템은 전쟁 후부터 생겨난 것으로, 전쟁 전에는 스시 한 개가 나오는 것이 보통이었다. 스시가 2개씩 나오게 된 배경으로 많이 팔거나 번거로움을 덜기 위한 상술을 들기도 하지만 재료를 중시하게 되면서 밥의 양을 많이 줄어들었기 때문이다.

2. 가이텐즈시 백배 즐기기

　그렇다면 수많은 가이텐즈시 중에서 어떤 가게를 택하는 것이 좋을까? 가게에 들어섰을 때 우선 청결한 느낌을 주고 냄새가 나지 않으며, 맛과 가격에 까다로운 아줌마 손님들이 많다면 일단 안심이다. 사이드 메뉴에 아라지루(あら汁, 서더리탕)가 있다면 더할 나위 없다.

　아라지루가 있다는 것은 매일 수산시장에서 사온 싱싱한 생선을 점포에서 직접 손질하기 때문에 생선의 서덜이 나온다는 의미이기 때문이다. 오늘의 추천 메뉴가 있는 가게에서는 제철 생선을 맛볼 기회가 많다. 그리고 가이텐즈시 가게에 꼭 있어야 할 것은 간장접시, 물수건, 분말녹차이다. 간장접시를 꼽는 이유는 자동접시세척기를 사용할 수 없어 일일이 손으로 닦아야 하므로 그런 간장접시를 비치한다는 것은 손님에 대한 배려라고 볼 수 있기 때문이다. 물수건 역시 비용이 드는 것이므로, 이것도 손님에 대한 배려의 하나이다. 마지막으로 가장 중요한 것은 스시 조리사의 인품이다. 같은 체인점이라 하더라도 조리사에 따라 완전히 분위기가 다르다.

　가이텐즈시의 조리사 중에는 일반 스시집 경력을 뽐내며 스스로 스시 장인이라고 자아도취된 자들이 더러 있다. 이런 조리사는 손님이 스시에 대한 지식이 없을 경우에 비아냥거리거나 스시집에서만 사용하는 전문용어를 사용하여 손님을 당황하게 하는 경우가 있는데, 제 아무리 솜씨가 좋더라도 자격미달이다. 맛있는 음식을 먹을 때는 다른 사람에게 민폐만 끼치지 않으면 되는 것이지 무슨 규칙이 필요하겠는가. 하물며 가아텐즈시집에서 말이다.

가이텐즈시집 안에서는 어느 자리가 명당일까? 만약 레인(lane) 안에 조리사가 있다면 되도록 조리사와 가깝게 앉는 것이 좋다(그림 4-1 참조). 그래야 바로 만든 스시를 먹을 수 있기 때문이다. 조리사가 서 있지 않는 대형 체인점에서는 조리장에서 가까운 제일 윗자리가 좋다. 터치스크린이나 인터폰으로 주문해도 아래쪽 자리는 스시가 올 때까지 아무래도 시간이 좀 걸리기 때문이다.

가이텐즈시를 먹을 때는 생선을 먹는 순서를 생각해서 주문할 필요도 없고 스시에 대한 지식도 내려놓는 것이 좋다. 일반 스시집에서는 조리사의 권유에 따라 먹거나 하지만 가이텐즈시의 매력은 어떤 제약도 없이 본인의 페이스대로 즐길 수 있다는 점이다. 만일 먹으려던 스시가 레인 위를 돌고 돌다가 말라 있다면 다시 주문하면 된다. 다시 주문하기가 민망하다면 와사비를 좀 더 넣어달라거나 빼 달라거나 하는 핑계를 대면서 주문하면 된다.

아주 저렴한 가이텐즈시집이 아닌 경우에는 스시로 나온 생선은 메뉴에 없더라도 모두 회로 주문해서 먹을 수 있다. 스시 두 접시의 가격으로 다섯 개의 스시를 만들 수 있는 생선을 주는 것이 보통이다. 예를 들면 마구로스시 한 접시에 100엔이라고 한다면 한 접시에 담겨 있는 스시는 두 개이므로 마구로도 두 점이다. 즉, 200엔에 스시에 올리는 크기의 마구로를 네 점이 아니라 다섯 점을 먹을 수 있는 것이다.

가이텐즈시집에서 사람들이 가장 신기해하는 것은, 종업원이 순식간에 먹은 접시의 개수를 세는 것이다. 모든 접시가 균일가인 경우에는 정말 순식간에 개수를 세는데, 녹차 잔을 자처럼 이용하기 때문이다. 녹차 잔의 높이는 대개 스시 접시 6개 높이이다(가게

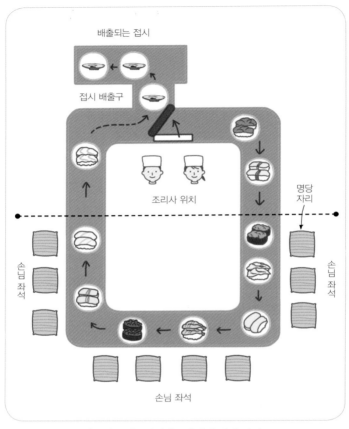

배출되는 접시

접시 배출구

조리사 위치

명당
자리

손님 좌석

손님 좌석

손님 좌석

[그림 4-1] 가이텐즈시집의 명당 자리

에 따라서는 7개). 그래서 녹차 잔 옆에 접시를 쌓아 놓으면 일일이 세는 것이 아니라 눈대중 높이로 10개까지는 쉽게 알 수 있다. 접시가 10개가 넘어가면 10개의 접시 높이에 맞추어 계산을 하면 수십 개라도 바로 알 수가 있다. 이러한 방법은 꼭 녹차 잔으로 정해진 것이 아니라 가게에 따라서는 생맥주잔, 간장병, 나무젓가락 등을 자처럼 사용한다.

모든 스시 메뉴가 균일가인 스시집이라면, 손님 입장에서는 균일가로 먹는 것이지만 주인 입장에서는 재료의 가격에 따라 이익률이 다르다. 마구로의 경우에는 원가가 비싼 재료이기 때문에 이익은 적으나 인기가 많으므로 빠뜨릴 수 없다. 가격으로 승부해야하는 균일가 스시집에서 마구로는 골치 아픈 재료이다. 일반적으로 원가가 낮은 재료는 갓빠마키(カッパ巻き), 간표마키(干瓢巻き), 낫토마키(納豆巻き), 우메시소마키(梅しそ巻き) 등 마구로가 들어가는 뎃카마키(鉄火巻き) 이외의 마키모노(巻き物)와 게맛살, 오징어, 계란, 유부초밥, 샐러드 등이다. 원가가 비싼 재료는 마구로와 함께 방어, 줄무늬전갱이, 성게, 붕장어, 모란새우, 조개류 등이다. 계란은 가게 입장에서는 가장 고마운 재료이다. 그 이유는 인기에 비하여 원가가 싸며 색이 곱고 쉽게 변하거나 마르지 않기 때문이다. 균일가 스시 가게는 대개 원가가 낮은 재료 70%, 원가가 높은 재료 30% 비율로 조합하는 것이 보통이다.

균일가 가이텐즈시집에서도 비싼 재료가 있다. 그러나 그것은 일반 스시집과는 다른 재료이다. 엔가와(エンガワ, 지느러미살)가 대표적인데, 고급 스시집에서는 광어를 사용하는 데 비해 균일가 가이텐즈시집에서는 그보다 저렴한 기름가자미나 북해산 넙치를 사용한다. 가이텐즈시에서는 이렇게 대체 재료가 사용되는 것이 적지 않다. 전복 대신에 칠레전복(대형삿갓조개), 소라는 터키피뿔고둥, 피조개는 미국 가리비, 네기토로는 마구로의 붉은 살에 식용유를 섞은 것이다. 이쿠라(イクラ, 연어알)[62]는 1980년대에는 인조알을 사용했는데 해조류를 주원료로 하여 한 알 한 알 만들어낸 인조 이쿠라는 육안으로 식별이 힘들고, 웬만한 미식가라도 맛을 구별하기 힘들다. 요즘에는 이쿠라를 거의 외국에서 수입하여 사

붕장어초밥(あなご寿司)

참치초밥(まぐろ寿司)

새우초밥(えび寿司)

군함말이(ぐんかん巻き)

계란초밥(たまご寿司)

김말이/잣파말이(巻きずし/かっぱ巻き)

연어초밥(サーモン寿司)

모둠초밥(盛り合わせ寿司)

[그림 4-2] 사진으로 보는 주요 스시

용하므로 인조 이쿠라의 사용은 그렇게 많지 않다고 한다.

3. 스시집에서 쓰이는 말들

스시업계에서는 후초(符丁) 즉 동료들끼리 암호와 같은 은어를 많이 사용한다. 지역과 가게에 따라서도 조금씩 다르며 그 유래에 대해서도 여러 가지 설이 있다. 스시 가게에서는 숫자도 은어로 사용하는데 1은 핑(ピン), 2는 량(リャン) 혹은 녹크(ノック), 3은 게타(ゲタ), 4는 다리(ダリ), 5는 가렌(ガレン), 6은 론지(ロンジ), 7은 세이난(セイナン), 8은 반도(バンド), 9는 키와(キワ), 10은 소쿠(ソク)라고 한다. 계산이 1,100엔이면 1,1이므로 핑핑(ピンピン), 15,000엔이면 10, 5이므로 소쿠가렌(ソクガレン)이라고 한다.

이렇게 계산을 손님이 알아듣지 못하게 하는 이유는, 스시 가게에서는 접대를 하는 경우가 많은데 접대를 하는 측에서는 대개 금액을 숨기고 싶어 하기 때문이라고 한다. 숫자뿐 아니라 다양한 암호가 존재하며, 그 중에서 몇 가지는 일반인들도 자연스럽게 사용하게 되었다.

- 가레지(ガレージ) : 샤코(シャコ, 갯가재)를 말한다. 일본어로 차고(車庫)도 갯가재와 발음이 같은 샤코인 것을 익살스럽게 영어(garage, 차고)로 표기하였다. 이 말은 쇼와(昭和)[63] 시대부터 사용되었다.
- 가리(がり) : 생강을 씹으면 으득으득(がりがり) 소리가 나서라고 한다. 혹은 생강을 갈 때 얼음을 가는 것처럼 득득(がりがり) 소리

가 나서라고 하는 설도 있다.

- 가쿠시즈케(隠しづけ) : 재료를 스시 안에 감추듯이 만드는 방법
  이다.
- 가타미즈케(片身づけ) : 작은 생선의 반으로 가른 한 쪽을 가타
  미(片身)라고 하는데, 이것이 딱 스시 1개 사이즈가 되는 것을
  말한다.
- 가타오모이(片想い) : 전복을 말한다. '이소노 아와비노 가타오
  모이'(磯のアワビの片想い, 바닷가 전복의 짝사랑)라는 짝사랑을 뜻
  하는 일본 속담에서 비롯되었다. 전복은 껍질이 한 쪽밖에 없는
  것에서 유래되었다.
- 게소(げそ) : 오징어의 다리. 게소쿠(下足, げそく, 벗어놓은 신발)의
  약어이다.
- 교쿠(玉) : 계란말이. 다마고(玉子)의 다마(玉)만 음독으로 읽었다.
- 구라카케(くらかけ) : 키조개 등을 두 개로 벌려서 책을 엎어 놓은
  것 같은 모양으로 스시를 만든 것을 말한다. 말안장을 닮은 데
  서 비롯되었다. 구라카케는 안장을 걸어두는 대 또는 안장을 얹
  은 말을 말한다.
- 군칸마키(グンカンマキ) : 군칸마키(軍艦巻き)는 말 그대로 군함말
  이. 밥 주변을 김으로 만 후에 그 안에 연어알이나 성게를 올렸
  는데 연어 알이나 성게는 군칸마키를 만들면서부터 사용하게
  된 재료이다. 스시 모양이 군함을 닮아서 붙여진 이름이다.
- 나마(なま) : 마구로·광어·도미 등 날로 사용되는 재료를 말한
  다. 나마는 날것을 뜻한다.
- 니마이즈케(二枚づけ) : 두 장의 생선으로 한 개의 스시를 만드
  는 것을 말한다.

- 니키리(ニキリ) : 간장에 술 등을 첨가하여 끓여서 간장 냄새를 없앤 것으로 옛날 에도마에니기리는 재료에 이 끓인 간장을 솔로 바른 다음 손님에게 내었다.

- 다마(たま) : 피조개를 말한다. 살에 구슬처럼 둥근 부분이 있어 서라고 한다.

- 다브루(ダブル) : 같은 재료의 스시를 두 접시 주문하는 것을 말한다. 영어의 double.

- 다치(タチ) : 카운터에서 먹는 손님. 노점상이었던 시대에 스시를 서서 먹었기 때문에 남은 말이다. 손님은 다치(タチ)라고 하고 가게는 오다치(オタチ)라고 한다.

- 다치즈시(立ち寿司) : 가이텐즈시(回転寿司)가 아닌 에도마에즈시(江戸前寿司), 즉 일반적인 스시 가게를 말한다. 유래는 다치(立ち)와 같다.

- 뎃뽀(てっぽう) : 김초밥(のり巻き, 노리마키)의 별칭. 소총처럼 가늘고 길어서 붙은 이름이다. 에도마에에서 김초밥은 이 간표마키(カンピョウ巻き)[64]를 칭한다.

- 뎃카(テッカ) : 뎃카마키(鉄火巻き)의 약어. 도박장을 옛날에는 뎃카바(鉄火場)라고 했는데 도박을 하다가 먹을 수 있도록 마구로를 김초밥처럼 말아 놓은 것을 뎃카마키라고 불렀다는 설이 있다.

- 무라사키(ムラサキ) : 간장. 색깔에서 비롯되었다고 한다. 무라사키는 보라색이다.

- 바랑(バラン) : 인조 댓잎.

- 사가야(さがや) : 찐 생선을 으깨어 양념하여 볶거나 말린 오보로(おぼろ)를 칭한다.

- 사비(さび) : 와사비의 약어이다. 와사비를 뺄 때는 사비누키(サビ抜き)라고 한다. 또 와사비는 나미다(ナミだ, 눈물)라고도 한다. 너무 많이 넣으면 매워서 눈물이 나기 때문이다.

- 샤리(しゃり) : 스시의 밥. 불교에서 말하는 사리로, 화장하고 남은 사람 뼈를 닮아서 생겨났다.

- 아가리(アガリ) : 차를 말한다. 원래는 화류계에서 사용하던 말로 손님을 맞이할 때 대접하는 차를 아가리챠(あがり茶)라고 했다. 챠(茶)라는 단어를 사용하지 않게 된 이유는 챠카스(茶化す, 차 찌꺼기), 오챠오히쿠(お茶をひく, 기생 등이 손님이 없어서 공치다)라는 말이 있어서 피했다.

- 아니키(アニキ) : 먼저 구입한 오래된 재료. 아니키(兄貴)는 형을 말한다.

- 아부리(アブリ) : 스시 재료를 불에 쬐어 약간 굽는 것을 말한다.

- 야마(ヤマ) : 다 팔리는 것. 스시의 재료는 모두 바다에서 잡기 때문에 산에서 나는 것이 없다는 뜻에서 비롯되었다. 또 다른 뜻으로는 댓잎으로, 스시를 찬합에 넣을 때 서로 닿는 스시에 냄새가 배지 않도록 하려고 사용하였다. 산에서 베어 와서, 또는 모양새가 비슷해서 생긴 말이라는 설이 있다.

- 야마(やま) : 조릿대. 작은 대나무의 별칭으로 산에서 베어 오기 때문이다.

- 오아이소(オアイソ) : 계산서의 의미이지만 스시 가게에서 "オアイソお願いします"(계산서 부탁합니다)는 사용하지 않는 것이 좋다. '오아이소나쿠테 모우시와케고자이마셍'(お愛想[65]なくて申し訳ございません, 대접을 못해서 죄송합니다)라는 의미로 사용되었던 말이기 때문이다. 손님 쪽에서 "オアイソ"라고 말하면 가게가 대

접을 못했다는 의미가 되어 버리기 때문이다. 그러나 이 말은 이미 정착이 되어 전혀 신경 쓰지 않고 사용하는 경우가 대부분이다.

- 오왕·왕(オワン·ワン) : 된장국 또는 맑은 국.
- 이치마이즈케(一枚づけ) : 마루즈케(丸づけ)라고도 하며 가타미보다 작은 사이즈를 말한다. 보통 새우 등을 반을 갈라 펼쳐 한 장으로 만든 것을 말한다.
- 즈메(つめ) : 니츠메루(煮つめる, 바짝 졸이다)의 약어로 붕장어·대합 등을 조린 재료에 바르는 소스를 말한다.
- 즈케(づけ) : 마구로 스시. 옛날에는 마구로를 간장에 절여 놓았기 때문이다.
- 카마스(かます) : 유부초밥에 사용하는 유부를 말한다. 가마니를 뜻한다.
- 카시와(かしわ) : 고모쿠메시(五目めし)를 둥글게 하여 겉에서 유바(湯葉, 두부 껍질)로 감싼 것을 말한다.
- 캇파(かっぱ) : 오이. 오이는 캇파(かっぱ, 일본의 전설의 동물)가 오이를 좋아하는 데서 비롯되었다. 캇파마키(かっぱ巻き)는 오이를 사용한 김초밥을 말한다.
- 캉(カン) : 스시를 세는 단위로 한자 貫을 사용하나 유래는 정확하지 않다. 개수를 세는 단위인 코(個)와 같다.
- 키즈(きづ) : 박고지. 오사카 기츠(木津)의 물건이 품질이 좋은 데서 생겨났다.
- 토로(とろ) : 마구로의 배 쪽 기름진 부위. 입안에서 부드럽게 퍼지기(トロットとする) 때문이다.
- 히모(ひも) : 피조개의 외투막 부분을 말한다.

• 히카리모노(光り物) : 전어, 전갱이, 보리멸 등 등껍질이 빛나는 생선을 말한다.

4. 문화를 엿볼 수 있는 스시 용어들

스시를 만들 때 사용하는 용어를 알아두면 스시와 일본요리에 대한 이해도가 높아질 것으로 생각된다. 일본요리 메뉴판에도 나오는 용어도 많아 알아두면 일단 시키고 보는 것이 아니라 알고 주문하는 재미가 하나 더 늘지 않을까.

• 가와시모후리(皮霜降り) : 생선 껍질에 뜨거운 물을 부어 살짝 데치는 방법.
• 가쿠즈쿠리(角造り) : 생선살을 사각형으로 각을 살려서 써는 것.
• 게라다마(けら玉) : 계란에 새우살이나 생선살 등을 갈아서 넣고 구운 것.
• 게라스시(けら寿司) : 게라다마를 얹어서 만든 누름초밥.
• 고마이오로시(五枚下ろし) : 5장 뜨기. 생선을 윗면의 등살과 뱃살, 아랫면의 등살과 뱃살을 각각 잘라서 펼치는 방법.
• 고테가에시(こて返し) : 손가락 돌리기. 스시를 만드는 기술로 손가락으로 스시를 돌려서 모양을 잡는다.
• 기미오보로(黄身おぼろ) : 삶은 계란의 노른자를 으깨서 설탕·소금을 넣고 중탕으로 건조하듯이 볶은 것.
• 긴시타마고(錦紙玉子) : 계란을 종이처럼 얇게 구운 것.
• 나가자쿠(長ざく) : 참치를 덩어리로 자를 때 세로 방향으로 길게

자른 모양.

- 나마미스시(生身寿司): 날것 생선으로 만든 스시.
- 나마아게(なまあげ) : 조림국물이 배어들지 않아 속이 하얗게 되도록 조리는 방법.
- 네타(ねた) : 스시를 만들 때 밥 위에 올리는 재료.
- 니반즈(二番酢) : 한 번 사용하여 신맛이 약해진 식초.
- 니코고리(煮こごり) : 생선을 조린 국물을 식혀서 묵처럼 굳힌 것.
- 다이묘오로시(大名下ろし) : 평형 자르기. 작은 생선 중에 몸이 가늘고 길며 등뼈가 얇은 생선을 머리에서 시작하여 등뼈와 가운데뼈를 지나 단숨에 자르는 것. 다이묘는 무사를 말한다.
- 다테가에시(たて返し) : 세워 돌리기. 스시를 만드는 기술 중에 하나.
- 데자쿠(手ざく) : 새끼손가락부터 검지까지 4개의 손가락 폭을 말하며, 생선을 스시용으로 손질했을 때 기준이 되는 길이(약 7.5cm).
- 보즈시(棒寿司) : 오시즈시의 일종으로 좁고 긴 누름틀에 넣고 눌러서 만든 스시.
- 사와니(沢煮): 채소와 흰 생선살 또는 채소와 고기에 국물을 많이 부어서 담백하게 끓이는 방법.
- 사이쿄즈케(西京漬け) : 백된장·술·맛술로 생선을 절인 후 구워 먹는 음식.
- 사쿠도리(さくどり) : 덩어리 자르기. 손질한 생선살에서 검붉은 살과 껍질 등을 잘라내 덩어리로 나누어 조리에 적합하게 모양을 다듬는 것.
- 삼마이오로시(三枚下ろし) : 3장 뜨기. 생선의 머리를 떼고 등뼈

를 따라 칼집을 내어 뼈와 두 개의 살로 뜨는 방법.

- 샤리(しゃり): 스시를 만들기 위한 밥.
- 샤리키리(しゃり切り): 밥에 배합초를 넣고 주걱으로 자르듯이 섞어서 스시를 만들기 위한 밥인 샤리를 만드는 것.
- 세비라키(背開き) : 등 가르기. 생선의 등을 갈라 뱃살을 자르지 않고 여는 방법.
- 소기즈쿠리(そぎ造り) : 칼을 비스듬히 하여 얇게 포를 뜨듯이 생선살을 써는 것.
- 스가타모리(姿盛) : 생선 내장을 제거하여 조리한 후 원형대로 담는 것.
- 스가타즈쿠리(姿造り) : 회를 떠서 다시 원래의 생선 모양으로 담아내는 방법.
- 스즈메즈시(雀寿司) : 새끼 도미의 배를 갈라 밥을 채운 스시.
- 시모후리(霜降り) : 뜨거운 물을 부어 살짝 데쳐져서 표면이 하얗게 익은 상태.
- 아라이(洗い) : 생선의 저민 살을 찬물이나 얼음물에 씻어 꼬들꼬들하게 하는 방법.
- 아부리스시(あぶりすし) : 불에 살짝 구워서 만든 스시.
- 아와세스(会わせ酢) : 스시를 만드는 밥에 간을 할 때 사용하는 배합초.
- 야에즈쿠리(八重造り) : 생선살 가운데에 칼집을 넣어 써는 것을 말한다.
- 야키시모(焼き霜) : 생선살을 껍질을 벗기지 않고 썰어서 껍질 쪽에 직접 불이 닿게 굽는 방법이다.
- 오보로(おぼろ) : 작은 새우를 소금물에 데쳐 잘게 다진 후 물에

헹구어 설탕·소금을 넣고 졸인 것.

- 오보로다시마(おぼろ昆布) : 삶은 다시마를 말려서 얇고 가늘게 썬 것.
- 오카치리(おかちり) : 다시마 육수에 아귀의 살, 간, 위장, 난소, 아가미, 지느러미 껍질을 넣고 끓여 먹는 음식.
- 우스야키(薄焼き) : 보통보다 얇게 구운 달걀구이.
- 우스즈쿠리(薄造り) : 생선을 아주 얇고 어슷하게 썰어서 회를 만드는 방법.
- 유비키(湯引き) : 뜨거운 물에 살짝 데치는 조리법.
- 유안야키(ゆあんやき) : 간장에 맛술·유자즙을 섞어 재료(생선)를 담갔다가 굽는 일본식 구이.
- 이토즈쿠리(糸造り) : 생선살을 실같이 가늘게 써는 것.
- 즈케코미(つけ込み) : 조림 국물이 배어들도록, 조려서 조림국물에 담근 채로 식히는 방법.
- 즈쿠리(造り) : 생선회 또는 생선회를 써는 방법.
- 콘부즈메스시(昆布づめすし) : 소금에 절인 후 식초에 적신 다시마나 마른 다시마로 싸서 절인 생선살로 만든 스시.
- 하라비라키(腹開き) : 배 가르기. 생선의 배를 갈라서 여는 방법.
- 하라스(はらす) : 연어 배 쪽의 기름진 부분.
- 후나모리(船盛り) : 배 모양의 그릇에 회를 담는 것.
- 히라즈쿠리(平造り) : 덩어리로 자른 생선살을 두꺼운 쪽을 향해 왼손으로 누르고 오른쪽부터 자르는 방법.
- 히키즈쿠리(引き造り) : 생선살을 썰 때 칼을 똑바로 세워서 자르는 것. 자른 다음에도 옆으로 밀어내지 않고 그대로 이어서 자르는 방법.

part 2

사케 이야기

니혼슈의 유래와 제조법

니혼슈의 유래와 제조법

1. 니혼슈의 탄생

　니혼슈(日本酒)[66]는 보통 쌀과 누룩, 물로 담그는 세이슈(淸酒)를 말하는데, 벼농사가 시작된 야요이 시대(기원전 3세기경) 이후부터 시작되었다고 하나 정확하지는 않다. 일본에 술이 존재했다는 가장 오래된 기록은 3세기경에 쓰여진 중국의 『삼국지』 「위지」 "왜인조"[67]에 나온다. 그러나 어떤 술이 어떻게 제조되었는지는 알 수가 없다.

　그 후 7~8세기경에 편찬된 『만요슈』[68]에 니고리자케[69]에 대한 기록이 보인다. 그리고 200년이 지난 967년에 반포된 법률집 『엔기시키』(延喜式)에 술의 제조법에 관한 기록이 보이는데, 이미 지금의 술과 제조법이 유사한 여러 가지 술이 빚어진 사실을 알 수 있다.

　일본에서 가장 오래된 술은 조몬 시대(기원전 14000년경~기원전 3세기경) 중기의 유적에서 산포도의 씨가 들어 있는 토기가 발견되었는데 이것을 술의 흔적으로 보고, 일본 최초의 자연발효 와인이거나 그 외의 과실주로 추정하고 있다.

　세이슈는 헤이안 시대(794~1185) 초기 혹은 중기부터 마시기 시작한 것으로 보인다. 가마쿠라 시대(1185~1333)부터 아즈치 모모야마 시대(1573~1603)에는 사원에서 승려들이 만든 '소보슈'(僧坊酒)가 품질 좋은 술로 높은 평가를 받았다. 농후한 단맛을 가진 소보슈는 도요토미 히데요시(豊臣秀吉)와 도쿠가와 이에야스(德川家康)가 즐겨 마셨다고 한다. 무로마치 시대(1336~1573)부터 에도 시대(1603~1868)에는 니고리자케에서 세이슈로 정착되어 유명한 양조장[70]도 생겨나 지금까지 명주를 만들어 내고 있다.

메이지 시대(1868~1912)에 들어서면서 정부에 의해 니혼슈 제조의 근대화가 추진되어 비약적으로 발전하게 되었다. 쇼와 시대(1926~1989)에 이르러서는 기술혁신에 의해 고품질 니혼슈가 잇달아 출시되어 정부가 품질을 감별하는 급별제도가 생겼다.

헤이세이 시대(1989~현재)부터는 도정을 많이 한 긴조슈(吟醸酒)[71] 붐이 일기 시작하여 유럽과 미국에서도 인기를 얻어 '사케'(SAKE)라는 이름으로 정착되었다.

이처럼 꾸준하게 발전해온 니혼슈이지만 한동안 소비가 위축된 시기가 있었다. 니혼슈의 중요한 원료 중 하나인 쌀이 기상악화로 인해 생산량이 급감하거나 전쟁 등으로 인해 공급이 부족해지면 니혼슈 제조에 지장이 생긴다. 제2차 세계대전 당시와 종전 후에 식량난에 빠진 일본은 심각한 주조미(酒造米) 부족 사태에 이르렀다.[72] 그때 고육지책으로 나온 술이 산조슈(三増酒)이다. 산조슈는 산바이조조슈(三倍増醸酒)의 줄임말로 원료인 쌀을 절약하기 위하여 거르지 않은 술에 물로 희석한 양조 알코올과 포도당, 물엿을 첨가해서 양을 3배로 늘린 술이다. 이 산조슈의 생산을 정부가 장려하여 술 수요를 충당할 수 있게 되어 소비의 중심이 되었다.

종전 후의 혼란기에는 아주 형편없이 만들어진 밀주가 시장에

서 유통되었다. 이 조잡한 밀주들은 고도 경제성장기에 들어서면서 없어졌지만 산조슈는 소비자들 사이에서 정착되었다. 고푸자케(コップ酒)[73]도 이 시기에 등장했다. 이 산조슈의 맛은 본래의 니혼슈 맛과는 먼 조잡한 맛이었고, 맥주·와인·위스키 등 서양의 술이 들어오기 시작하면서 니혼슈의 존재감은 희박해져만 갔다. 이러한 니혼슈 위축기가 상당 기간 동안 계속되다가 당류가 첨가된 산조슈에 대한 반격으로, 깔끔하고 쌉쌀한 맛을 내세운 새로운 상표의 니혼슈들이 등장하면서 니혼슈는 다시 대중의 관심을 끌기 시작하였다. 그리고 인기를 누리며 지금까지 다양화와 고급화가 계속 이루어지고 있다.

2. 니혼슈의 원료

니혼슈는 물·쌀·누룩의 세 가지 원료로 만들어진다. 그 중에서 가장 중요한 것은 물이다. 에도 시대에 발간된 『혼초숏칸』(本朝食鑑)의 술에 대한 부분을 보면 "물을 고르는 것이 제일 중요하다"고 기술되어 있다. 니혼슈의 경우 그저 '물이 원료에 들어가기 때문에' 중요한 것이 아니다. 물은 쌀을 씻고 불리고 찌는, 술을 만드는 전 과정에 사용되기 때문에 중요한 것이다.

특히 씻고 불리는 과정에서 쌀은 물속의 성분을 흡착하기 때문에 맛과 향 그리고 색을 노화시키는 철과 망간 같은 불필요한 성분이 없는 물이 선호된다. 그러므로 술을 만들 때 사용하는 물은 수돗물보다 훨씬 더 엄격한 기준이 적용된다(표 5-1 참조). 이러한 이유로 많은 양조장들이 물 좋은 곳에 위치해 있다. 양조용수

〈표 5-1〉 수돗물과 양조용수의 기준 차이

구분	양조용수	수돗물
pH	중성 또는 약한 알칼리성	5.8 이상 8.6 미만
철	0.02ppm 이하 (불검출이 가장 좋음)	0.3ppm 이하
망간	0.02ppm 이하	0.05ppm 이하
유기물 (과망간산칼륨 소비량)	5ppm 이하	10ppm 이하
아초산성질소 (亞硝酸性窒素)	검출되지 않아야 함	10ppm하
암모니아성질소	검출되지 않아야 함	규정 없음
세균산도(細菌酸度)	2ml 이하	규정 없음
생산성균군(生酸性菌群)	검출되지 않아야 함	규정 없음

는 술을 넣을 병을 씻는 것에서부터 쌀을 씻고 불리고 찌는 과정, 주모(酒母)를 만들 때, 원주(原酒)를 희석할 때 등 전 과정에 사용된다.

니혼슈의 또 다른 중요한 원료는 쌀이다. 이 쌀을 얼마나 깎아내었는지를 나타낸 것을 정미비율이라고 한다. 술을 빚을 때 잡맛의 원인이 되는 쌀 표면의 단백질과 지질을 깎아내야 깔끔한 니혼슈가 완성된다. 보통 니혼슈를 만들 때 정미비율은 80~35%이다. 가령, 정미비율이 40%라고 하면 쌀을 깎고 남은 부분이 40%라는 뜻이므로, 쌀을 60% 깎아낸 것이다. 대개는 쌀을 많이 깎아낼수록 가볍고 깔끔한 마무리가 된 것으로 여긴다.

얼마 전까지는 니혼슈의 맛은 정미비율이 높을수록 좋다는 인식이 있었으나 정미비율이 너무 높을 경우 맛이 너무 평탄하다는 의견도 있다. 그래서 좋은 품질의 쌀로 일부러 정미비율을 낮추어 쌀 본래의 맛을 살린 니혼슈도 인기를 얻게 되었다. 쌀의 구조를

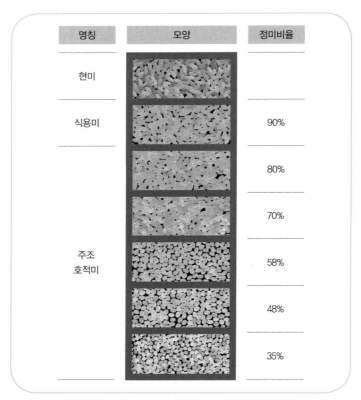

명칭	모양	정미비율
현미		
식용미		90%
		80%
		70%
주조 호적미		58%
		48%
		35%

[그림 5-1] 정미비율의 차이에 따른 쌀의 상태

알면 술의 맛이 좌우되는 정미의 중요성을 알 수 있다.

현미는 표층부와 중심부인 심백(心白)으로 나뉘는데, 표층부는 단백질과 지질을 많이 포함한다. 이 부분을 깎아내는 것을 정미라고 한다(그림 5-1 참조). 중심부인 심백은 순수한 전분질에 가깝기 때문에 하얗게 보인다. 가장 유명한 '야마다니시키'와 같은 주조호적미(酒造好適米)[74]는 이 부분이 크다. 주조호적미의 특징은 외관상으로는 입자와 심백이 크고 벼 이삭이 길다. 기능적인 특징으로는 정미하기가 쉽고[75] 단백질이 적으며 흡수성이 좋다. 그리고 누룩이 자라기 좋고 당화(糖化)가 잘 된다. 거르지 않은 술(醪, 모로미) 속에서 잘 풀어진다. 말 그대로 술 만들기에 적합한 쌀이다. 이 주조호적미는 생산량이 정해져 있고 가격이 비싸 주로 긴조슈(吟醸酒)에 사용된다.

이러한 이유로 고우지마이(麴米, 누룩을 만드는 쌀)와 가케마이(掛米, 거르기 전 단계의 술을 만드는 데 사용되는 쌀)를 다른 쌀로 쓰는 경우도 있다. 술을 한 번 만들 때 사용되는 쌀은 누룩 만드는 데 20~30%, 주모(酒母) 만드는 데 약 10%가 사용되고 나머지 70%는 가케마이로 사용된다. 이처럼 가케마이에 많은 쌀이 필요하므로 양조장에 따라서는 주모미(酒母米)와 고우지마이에만 고가의 주조호적미를 사용하고 가케마이는 비교적 저렴한 주조용 쌀을 사용하는 곳이 있는 것이다.

니혼슈 라벨에 유명한 주조호적미인 '山田錦使用'(야마다니시키 사용)이라고 되어 있는 경우가 있다. 그러나 이것은 전 공정에 필요한 쌀 전부를 야마다니시키로 사용했다는 뜻이 아니다. 50%만 넘으면 이렇게 표기가 가능하다. 야마다니시키를 전 공정에서 사용한 경우에는 '山田錦100%使用'이라고 표기한다. 주조호적미는 품질 개량을 하여 신품종들이 점차 늘어가는 추세이다.[76]

마지막으로 중요한 원료인 누룩은 쌀을 찌는 과정이 끝난 다음에 시작된다. 니혼슈를 만드는 데 있어서 철칙은 '첫째는 누룩, 둘째는 주모(酒母),[77] 셋째는 술 만들기'라고 할 만큼 어떤 누룩을 만드는가에 따라 술의 완성도가 달라진다. 약 35℃ 실온을 유지한 상태로 찐 쌀을 넓게 펴놓고 그 위에 다네코우지(種麴)라고 불리는 누룩균을 뿌린다. 이 누룩균이 쌀의 표면에서 중심부로 번식해 간

다. 2~3일간 여러 가지 방법을 동원하여 누룩균이 순조롭게 증식하도록 한다. 그 후 찐 쌀에서 밤 냄새 같은 향이 올라오기 시작하면 누룩이 완성되어 가는 것이다. 니혼슈를 만드는 공정 중에 단시코미(段仕込み)라는 과정이 있는데 이것은 거르지 않은 술을 만드는 단계인 모로미즈쿠리(醪造り) 과정에서 누룩과 찐 쌀을 세 단계에 걸쳐 주모에 넣어서 효모에 대한 적응 가능한 환경 변화를 주어 활성을 잃지 않도록 하는 과정이다.

이 세 단계는 처음에 넣는 하츠조에와 두 번째 단계인 나카조에, 마지막 단계인 도메조에로 나뉜다.[78] 누룩에 포함되어 있는 효소는 주모와 거르기 전 단계의 술인 모로미(醪)에서 쌀의 전분을 당분으로 분해하는 중요한 역할을 한다. 게다가 누룩에는 단백질을 아미노산으로 분해하는 효소도 있어, 당분이나 아미노산의 많고 적음이 술의 질에 큰 영향을 끼친다.

누룩이 만들어지면 다음은 모토(酛)라고도 하는 주모를 만든다. 물·유산·누룩을 탱크에서 혼합한 후에 다시 찐 쌀과 효모를 추가한다. 거기서 2주간 정도 효모가 증식하면 주모가 완성된다. 술을 만들 때는 양질의 효모가 대량으로 필요하므로 그 효모를 배양하는 것을 주모 만들기라고 생각하면 되겠다. 이때 원하는 효모균을 순조롭게 증식·배양하기 위해서 유산균을 사용하여 유해균인 공기 중의 미생물이나 잡균을 사멸시킨다.

술을 만들 때 이 유산균을 얻는 방법에 따라 공기 중에 있는 자연의 유산균으로 배양하는 전통 방식인 기모토(生酛) 계통과 메이지 시대에 개발된 방식인 미리 유산(乳酸)을 첨가하는 소쿠조(速醸) 계통으로 나눈다. 또 기모토 계통 방법으로 찐 쌀과 누룩·물로 술을 만들 때 가이보[79]라는 막대로 저어 주는 야마오로시라는 작업

이 있는데, 이것을 안 해도 되는 방법이 1909년에 고안되었다. 이 양조법을 '야마오로시하이시시코미'(山おろし廃止仕込み) 또는 '야마하이시코미'(山廃仕込み)라고 한다. 이 야마하이시코미로 만든 술은 주모 그 자체의 아미노산도가 높기 때문에 맛이 농후하고 깊이 있는 향기가 특징이다.

3. 니혼슈의 제조법

니혼슈는 쌀을 발효시켜 만드는 술이다. 누룩균의 효소가 쌀의 전분을 당분으로 변화시켜 그 당분을 효모균이 알코올로 변화시킨다. 일반적인 니혼슈의 공정을 살펴보면 그림 5-2와 같다.

이처럼 복잡한 공정을 가진 니혼슈는 현미를 도정하는 것부터 시작된다. 술을 만들었을 때 잡미(雜味)가 생기기 쉬운 표층부를 깎아내고 순수 전분질에 가까운 중심 부분을 남기는 것을 정미라고 한다. 얼마큼 깎아내느냐에 따라 완성된 니혼슈의 특징이 달라지므로 아주 중요한 작업이다. 정미가 끝난 쌀은 표면의 쌀겨를 씻어낸 후[80] 물에 담가 수분을 흡수시키는 '불리기 과정'[81]이 행해진다.

이 불리기 과정이 끝난 쌀은 전분을 분해하기 쉽도록 형태화(알파화)하기 위하여 강한 증기로 1시간 이상 찐다. 단순할 것이라고 생각될 수도 있는 이 '조마이'(蒸米), 즉 찌는 작업이 술의 완성도를 좌지우지한다.[82] 약 35℃ 실온을 유지한 상태로 찐 쌀을 넓게 펴서 누룩균을 뿌린다.

앞서 말한 것처럼 니혼슈를 만드는 공정 중에 누룩과 찐 쌀을

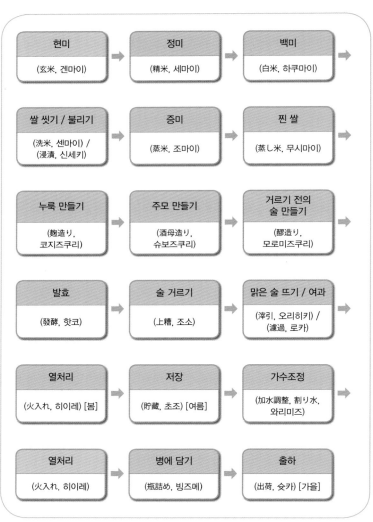

[그림 5-2] 니혼슈의 제조 과정

주모(酒母)에 세 단계에 걸쳐서 추가해 가는 단시코미(段仕込み)가 있다. 이 세 단계에서 첫날 하츠조에(初添え)에서는 주모에 찐 쌀·누룩·물을 넣는다. 둘째 날은 야스미[83] 또는 오도리[84]라고 해서 효모를 증식시킨다. 셋째 날에는 두 번째 단계인 나카조에(仲添え)로 다시 한 번 찐 쌀·누룩·물을 넣는다. 그리고 넷째 날에는 도메조에(留添え)로 마지막으로 찐 쌀·누룩·물을 넣는다.

그 후 3주 정도 모로미(醪)를 발효시킨다. 모로미, 즉 술을 거르기 전의 발효가 끝나면 알코올의 농도와 밸런스를 확인하면서 온도를 조금씩 낮추어 충분히 숙성시킨 후 조소(上槽), 즉 술 거르는 작업을 한다. 이 작업으로 모로미에서 나마자케(生酒)[85]를 거르고 나면 사케카스(酒粕, 술지게미)가 남는다. 술을 거를 때는 자동압착기나 철제 후네(槽, 모로미 짜는 기계)를 사용한다. 또 모로미를 자루에 넣어 걸어 놓아 떨어지는 술을 받는 방법도 있으나 어떤 방법이든 온도를 낮게 유지하고 압력을 심하게 가하지 말아야 한다.

그런데 이 모로미에서 술을 거를 때 어느 시점의 술을 받는지에 따라 술의 상태에 차이가 생긴다. 아라바시리(あらばしり)는 모로미를 거를 때 처음 나오는 술을 말한다. 맛이 아주 진하고 강한 인상을 준다. 약간 탁하고 탄산가스가 포함되어 있으나 산뜻한 느낌과 적당한 산미(酸味)가 있다. 아라바시리 다음에 걸러지는 술은 나카토리(仲取り)라고 하는데 최고의 주질(酒質)을 자랑하는 만큼 향미의 균형이 뛰어난 것이 특징이다. 마지막에 걸러지는 술은 세메(責め)로 잡맛이 많고 맛이 진하다. 통상적으로는 이 세 가지를 섞은 것이 판매되는데 각각 따로 파는 경우도 있다. 이렇게 거른 술은 오리(滓)라고 하는 쌀 찌꺼기나 효모 찌꺼기와 같은 고형의 불순

물을 침전시킨 후 위의 맑은 술을 뜨는 오리히키(滓引) 공정을 거친다.

그 후 거듭해서 여과 과정을 거쳐 작은 고형물이나 세균이 제거된다. 오리히키가 끝난 술도 맛이 있지만 소량의 효소 등이 남아 있으므로 열처리를 하여 효소의 활동을 없앤다. 그 후 탱크에서 초가을까지 숙성시킨다. 여름을 지나도록 숙성시키면 신주(新酒)[86]의 거친 성질이 없어지고 부드럽고 균형 잡힌 맛을 갖게 된다. 이렇게 여름을 지나 가을이 되어 술의 질이 향상되는 것을 옛날에는 아키아가리(秋上がり) 혹은 아키바레(秋晴れ)라고 하였다. 저장고에서 꺼내 두 번째 열처리를 하여 출하할 때가 가을이라는 의미로 술의 이름도 아키아가리(秋上がり)라고 붙였다고 한다.

또 같은 시기에 출하되는 술에 히야오로시(冷やおろし)라고 하는 것이 있다. 이것은 가을에 맛있게 익은 술을 저장고에서 꺼낸 후에 열처리를 하지 않고 그대로 출하하는 것이다. '히에타마마 미세니 오로스'(冷えたまま店に卸す, 차가운 채로 가게에 출하한다)[87]라는 의미가 이름의 유래가 되었다.

이 두 가지 술은 명확히 규정이 없어 양조장에 따라 이름이 다르나 두 번 열처리를 하는 일반적인 술을 아키아가리라고 하고 출하 전에 열처리를 하지 않는 경우는 히야오로시라고 하는 경우가 대부분이다. 오리히키가 끝난 술이 지나치게 숙성이 되면 잡맛이 생기거나 색이 변하거나 하므로 엄격한 온도 관리가 필요하다. 그리고 출하 전에 와리미즈(割り水)[88]라고 하는 물을 섞어 알코올 도수를 조정하는 과정을 거쳐 다시 한 번 가열한 후 세병용수(洗瓶用水)로 세척한 병에 담으면 드디어 니혼슈가 완성된다.

그런데 이 복잡한 공정의 니혼슈는 도대체 누가 만들까? 니혼슈는 아주 복잡한 과정을 거쳐서 만들어지는 술이다. 에도 시대에 들어와 니혼슈 제조의 규모가 커지면서 각 공정에 각각의 책임자를 두어 작업을 분담하는 분업제와 직계제(職階制)가 이루어져 그 전통이 지금까지 계승되고 있다(그림 5-3 참조).

양조장을 사카쿠라(酒蔵)라고 하는데, 여기서 일하는 사람을 모두 구라비토(蔵人)라고 부른다. 구라비토의 대표적인 존재가 양조장의 주인인 구라모토와 술을 만드는 최고 책임자인 도우지이다. 일반인들은 니혼슈를 만드는 사람들을 모두 아울러 도우지로 부르는 경향이 있는데, 도우지는 어디까지나 감독관이다. 도우지 아래에는 모로미를 관리하고 도우지를 보좌하는 가시라가 있고, 그

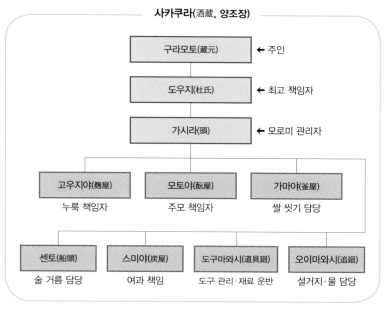

[그림 5-3] 일본 양조장의 직책

아래에 누룩 만드는 책임자인 고우지야, 주모를 만드는 책임자인 모토야, 쌀 씻기 및 찌기 담당인 가마야, 술 거르기 담당인 센토가 있다. 그리고 여과를 책임지는 스미야, 도구의 관리와 세정 그리고 물이나 찐 쌀을 운반하는 일을 하는 도구마와시, 설거지와 물을 담당하는 오이마와시가 있다.

니혼슈의 종류

니혼슈의 종류

1. 후츠슈와 도쿠테이메이쇼슈

니혼슈는 흔히 사케(酒)로 통용된다. 니혼슈의 주세법에 의한 올바른 표기는 세이슈(淸酒)이다. 2006년 5월 개정된 신주세법에서 정의한 세이슈는 '알코올 도수 22도 미만이고 쌀·누룩·물을 원료로 하여 발효시켜 거른 것을 말한다. 알코올 도수가 22도 미만인 것은 세이슈를 만들 때 그 이상의 알코올 도수가 나오지 않기 때문이다. 니혼슈의 알코올 도수는 일반적으로 15~16도이다.

요즘은 가볍게 마실 수 있는 저알코올을 선호하는 추세로 종래의 니혼슈보다 알코올 도수가 낮은 저농도주(低濃度酒)가 주목받고 있다. 저농도주는 알코올 도수가 13도 미만인 술을 말하는데 알코올 도수 8도 정도의 술이 가장 많다. 여성과 젊은 층을 겨냥하여 스파클링 사케도 다양하게 출시되고 있다. 한국의 소주 도수가 낮아지고 과일 맛의 소주가 출시되는 것과 같은 맥락으로 보인다.

니혼슈는 양조주 중에서는 마시는 시점에서의 알코올 도수가 가장 높다. 양조주란 원료가 되는 쌀 등의 곡물이나 과일 등을 알코올 발효시키는 것에 의해 생기는 단순한 주류를 말하는데, 증류 공정이 없기 때문에 원료 자체의 맛을 그대로 반영하는 술이라고 할 수 있다. 니혼슈는 주세법에 따라서 도쿠테이메이쇼슈(特定名 稱酒) 8종류와 후츠슈(普通酒)로 모두 9가지로 분류된다. 후츠슈는 특정 명칭의 규정에서 벗어난 술에 대한 총칭으로 잇빤슈(一般酒) 또는 레귤러슈(酒)라고 한다.

후츠슈는 규정량 이상의 양조 알코올을 사용하고 원료에 당류· 조미료·산미료·아미노산 등을 사용한 것이다. 정미비율이 71% 이상이고 누룩 사용 비율이 15% 이하이다. 도쿠테이메이쇼슈는

〈표 6-1〉 도쿠테이메이쇼슈 8종류

도쿠테이메이쇼슈	
준마이슈 계통 • 원료: 쌀, 누룩, 물 • 특징: 쌀의 풍미가 살아 있고 농후하며 입에 닿았을 때 부드러운 느낌과 향보다는 맛이 뛰어나고 감칠맛이 있음	**혼조조슈 계통** • 원료: 쌀, 누룩, 물, 사용한 백미 총 중량의 10% 이하의 양조 알코올 사용 • 특징: 깔끔하고 산뜻하며 쌉쌀한 맛과 향이 강하고 맛의 균형이 좋음 • 준마이다이긴조슈 라벨 표시조건: 정미비율 50% 이하
준마이다이긴조슈(純米大吟釀酒) 라벨 표시조건: 정미비율 50% 이하	다이긴조슈(大吟釀酒) 라벨 표시조건: 정미비율 50% 이하
준마이긴조슈(純米吟釀酒) 라벨 표시조건: 정미비율 60% 이하	긴조슈(吟釀酒) 라벨 표시조건: 정미비율 60% 이하
도쿠베츠준마이슈(特別純米酒) 라벨 표시조건: 정미비율 60% 이하 또는 특별한 제조방법	도쿠베츠혼조조슈(特別本釀造酒) 라벨 표시조건: 정미비율 60% 이하 또는 특별한 제조방법
준마이슈(純米酒) 라벨 표시조건: 규정 없음	혼조조슈(本釀造酒) 라벨 표시조건: 정미비율 70% 이하
긴조슈 계통 고도로 연마한 쌀로 장기저온 발효와 장기저온 숙성을 거쳐 긴조카(吟釀香)를 높이는 제조법. 즉 원료가 아닌 만드는 방법의 차이를 말함.	

누룩 사용 비율이 15% 이상이며 원료가 되는 쌀은 농산물검사법에 의해 3등 이상이거나 그에 상응하는 쌀이 조건이 된다. 거기에 원료의 제조법이나 정미비율 등에 따라 준마이다이긴조슈, 준마이긴조슈, 도쿠베츠준마이슈, 준마이슈, 다이긴조슈, 긴조슈, 도쿠베츠혼조조슈, 혼조조슈 8가지로 분류된다(표 6–1 참조).

이 분류는 원료에 양조 알코올이 첨가되었는가에 따라 크게 두 가지 타입으로 구분할 수 있다. 알코올이 첨가된 것은 혼조조슈 타입이고, 알코올이 첨가되지 않은 것은 준마이슈 타입이다. 이것은 또 원료인 쌀의 정미비율에 따라 긴조슈와 다이긴조슈로 분류할 수 있다. 니혼슈의 일반적인 경향은 정미비율이 높을수록 경쾌하고 깨끗한 맛이다.

이러한 이유로 같은 상표의 술이라도 긴조슈나 준마이긴조슈보다 다이긴조슈나 준마이다이긴조슈가 고유의 향과 맛이 두드러진다. 긴조슈 계통은 고도로 연마한 쌀로 장기저온 발효와 장기저온 숙성을 거쳐 긴조카(吟醸香)[89]를 높이는 제조법이다. 다시 말해, 준마이슈 계통과 혼조조슈 계통의 술은 원료(양조 알코올을 사용하는지 아닌지)에 차이가 있고, 긴조슈 계통의 술은 원료가 아니라 만드는 방법에 차이가 있다.

다이긴조슈(大吟醸酒)나 도쿠베츠혼조조슈(特別本醸造酒)처럼 '다이'(大)나 '도쿠베츠'(特別)라는 말이 붙어 있는 경우가 있는데, 정미비율을 말할 때 규정은 '이하'(以下)이다.

예를 들어 정미비율이 50% '이하'의 긴조슈(吟壤酒)라면 다이긴조슈(大吟壤酒)가 되지만, 정미비율이 35%와 50%인 긴조슈를 각각 제조했다고 할 때 35%는 다이긴조슈가 되고 50%는 긴조슈가 되는 경우도 있다. 또 '도쿠베츠'의 예를 들면, 야마다니시키(山田

錦) 100%의 술과 일반미로 만든 정미비율 70%인 술이 있을 경우 야마다니시키 100%의 술에 '도쿠베츠'를 붙이기도 한다. '大'와 '特別'을 붙이는 것은 각 주조사에 위임되어 있다.

니혼슈는 무조건 준마이슈가 최고라고 생각하는 경우가 많은데 물론 맛도 좋고 좋은 술이 많은 것은 사실이나 그렇다고 해서 혼조조슈가 질이 떨어지는 술이라고 생각해서는 안 된다. 양조 알코올을 첨가하면 입에 닿았을 때 세련되고 맛에 군더더기가 없다. 그러므로 요리와 함께 마실 때는 혼조조슈가 궁합이 맞는 경우가 더 많은 편이다. 시장점유율은 대량생산이 가능한 후츠슈가 70% 이상이고 나머지 30%를 도쿠테이메이쇼슈가 차지한다.

2. 니혼슈 라벨 독해 요령

니혼슈의 라벨은 크게 도우 라벨(胴ラベル), 가타 라벨(肩ラベル), 우라 라벨(裏ラベル) 세 가지로 나뉜다.

술의 얼굴이라고 할 수 있는 것이 앞면 병 중앙에 붙어 있는 커다란 도우 라벨이다. 도우 라벨에는 술 이름 외에 흔히 준마이슈라든가 혼조조슈와 같은 도쿠테이메이쇼(特定名称)가 적혀 있다.

병 어깨 부근에 가로 혹은 어깨띠처럼 붙어 있는 것을 가타 라벨이라고 하는데, 여기에는 술의 특징 또는 사용한 쌀이나 효모 등 그 술의 매력 포인트, 주조사의 독자적인 이름 등이 적혀 있다 (그림 6-1 참조).

니혼슈를 즐기기 위해 꼭 주목해야 하는 것이 병 뒷면에 붙은 우라 라벨이다. 원재료를 비롯한 알코올분(分),[90] 쌀의 정미비율, 니

호우인(封印)
양조장에서 봉인되어진 것이란 증거. 옛날에는 운반 중에 내용물이 바뀌지 않도록 하거나 가짜와 구별할 수 있도록 붙였던 것으로 그 내력으로 양조장 이름이 써있다.

앞면(表, 오모테)
병의 앞면에는 메이가라메이(銘柄名, 술의 명칭, 상품명)를 비롯하여 특정 명칭의 호칭이나 특징 등 가장 전달하고 싶은 항목이 적혀 있다.

가타 라벨(肩うベル)
도우 라벨의 상부. 병의 어깨 부분에 붙은 라벨로 특정 양조나 나가자케의 표시를 비롯하여 쌀이나 효모 등 그 술의 특징이나 양조장에서 독자적으로 붙인 이름이 써있다.

도우 라벨(胴うベル)
병의 몸통 부분에 있는 가장 큰 라벨을 말한다. 라벨이 심플한 술은 이 몸통라벨만 있는 경우도 있다.

코지루시(小印)
도우 라벨의 써있는 문자 중에서 오지루시 다음으로 눈에 띄는 문자를 말한다.

• 특정 명칭의 호칭
특정명칭주의 경우에는 호칭이 적혀있다. 원료나 제조방법, 정미비율에 의해 8종류로 분류된다.

오지루시(大印)
도우 라벨에 가장 크게 써 있는 문자를 말한다. 상품명인 경우가 많으나 특정 명칭의 호칭을 써 놓은 경우도 있다.

• 메이가라메이(銘柄名)
그 술의 명칭, 상품명. 명칭은 양조장의 이름이나 지역의 연고에 대한 사항, 원료 등이 적혀 있는 경우가 많다.

출처: 藏元を知って味わう 日本酒事典, 武者英三 監修, ナツメ社.

[그림 6-1] 술병의 앞면 라벨의 명칭과 기재 정보

혼슈도, 주조연도, 출하된 제조 날짜가 적혀 있다. 꼭 표시하도록 정해져 있는 것은 원재료명, 제조 시기, 보존 및 음용상의 주의사항, 원산지명, 외국산 청주를 사용한 것에 대한 표시, 제조자의 이름 또는 명칭 등 11가지 항목이다. 쌀의 품종 등은 임의 기재사항으로 각각 요건에 해당하는 경우에 표시할 수 있다(그림 6-2 참조).

니혼슈의 라벨에는 제조자가 전달하고 싶은 술에 대한 모든 정보가 담겨 있다. 그 중 하나가 니혼슈도(日本酒度)이다. 니혼슈의 단맛이나 톡 쏘는 맛은 그 술에 포함되어 있는 당분과 알코올의

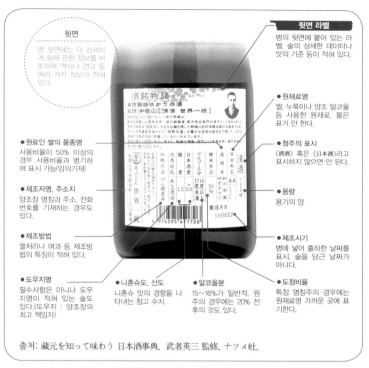

[그림 6-2] 술병의 뒷면 라벨과 기재 정보

균형으로 결정된다. 이를 나타내는 것이 니혼슈도인데, 비중이 0(±0)인 물을 기준으로 하여 그것에 비교하여 술의 비중이 어느 정도인가를 수치화한 것이다. 술에 포함되어 있는 당분이 많을수록 마이너스(−) 수치가 커지고 반대로 알코올 분이 많을수록 플러스(+) 수치가 커진다. 니혼슈도는 술병 뒷면에 붙어 있는 우라 라벨에 표시되어 있는 경우가 많으며, 이것으로 마이너스(−) 수치가 크면 '아마구치'(甘口), 플러스(+) 수치가 크면 '가라구치'(辛口)[91]로 판단할 수 있다(그림 6-3 참조).

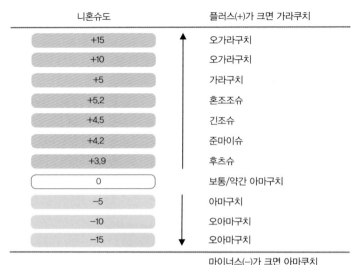

니혼슈도		플러스(+)가 크면 가라쿠치
+15		오가라구치
+10		오가라구치
+5		가라구치
+5.2		혼조조슈
+4.5		긴조슈
+4.2		준마이슈
+3.9		후츠슈
0		보통/약간 아마구치
−5		아마구치
−10		오아마구치
−15		오아마구치

마이너스(−)가 크면 아마구치

[그림 6-3] 술맛의 기준을 제시하는 니혼슈도

플러스(+)가 '가라구치'라고 해서 +1 이상이 모두 가라구치라고 할 만큼 니혼슈는 단순하지 않다. 사람이 미각으로 느끼는 단맛과 톡 쏘는 맛은 당분이나 알코올 성분뿐만이 아니라 산(酸)이 관여하기 때문이다. 니혼슈에는 사과산이나 호박산, 유산 등의 성분이 포함되어 있어 이 산의 양에 따라 맛이 달라진다. 산이 많이 포함되어 있을수록 술이 독하게 느껴지고 적게 포함되어 있을수록 달게 느껴진다. 또 따뜻한 술은 단맛이 더 느껴지기 때문에 같은 니혼슈라도 마시는 온도에 따라 맛의 차이가 난다.

니혼슈도는 가라구치인지 아마구치인지의 기준이며 해마다 국세청에서 조사하여 매년 달라진다(표 6-2 참조).

일반적으로 후츠슈보다 도쿠테이메이쇼슈가 니혼슈도가 높은 경향이 있다. 산도는 니혼슈의 유기산 수치로 평균치가 1.3 정도

〈표 6-2〉 2014년 세이슈의 성분과 전국 평균치

구분		후츠슈 (普通酒/一般酒)	긴조슈 (吟醸酒)	준마이슈 (純米酒)	혼조조슈 (本醸造酒)
알코올분(%)	평균치	15.31	15.84	15.38	15.46
	표준편차	0.59	0.82	0.69	0.48
니혼슈도	평균치	3.9	4.2	4.3	5.3
	표준편차	3.1	2.8	3.3	2.9
산도(酸度)	평균치	1.17	1.34	1.49	1.27
	표준편차	0.19	0.25	0.21	0.18
아미노산도	평균치	1.24	1.28	1.56	1.38
	표준편차	0.32	0.33	0.36	0.35
아마카라도 (甘辛度)	평균치	−0.13	−0.34	−0.54	−0.38
노우탄도 (濃淡度)	평균치	−0.99	−0.69	−0.41	−0.86

이다. 산도가 높을수록 독하고 진하게 느끼고 산도가 낮을수록 순하고 연하게 느껴진다. 그러나 수치는 어디까지나 기준일 뿐이므로 본인이 마신 후의 감상이 가장 중요하다.

니혼슈의 맛은 "탄레이(淡麗)[92]하며 가라구치(辛口)다" 혹은 "확실히 아마구치(甘口)다"와 같이 도대체 잘 알 수 없는 말로 표현하는 경우가 많다. 일반적으로 아마구치인 술은 입에 머금었을 때 단맛을 느낄 수 있고 가라구치는 좀 독하게 느껴지는 톡 쏘는 맛이다. 니혼슈의 단맛은 술에 포함되어 있는 포도당이나 글리세린에서 나오고, 톡 쏘는 맛은 알코올에서 나온다. 이러한 이유로 당분이 많은 술도 알코올 도수가 높으면 그만큼 독하게 느껴진다. 이처럼 니혼슈는 아마구치와 가라구치로 나누면서도 꼭 그렇게만 나눌 만큼 단순하지 않다.[93] 옛날부터 술은 다섯 가지 맛이 있다고

하여 아마미(甘み, 단맛),[94] 산미(酸味, 신맛),[95] 가라미(辛み, 독한 맛),[96] 니가미(苦み, 쌉쌀한 맛),[97] 시부미(渋み, 떫은 맛)[98]로 나눈다. 이 다섯 가지 맛의 밸런스가 니혼슈의 맛을 결정하고 그 술의 개성도 나타내게 된다. 이 다섯 가지 맛에 향, 온도, 술의 농담(濃淡) 등에 따라 맛이 변화된다. 술의 맛은 니혼슈도뿐만이 아니라 산도로도 좌우된다(그림 6-4 참조).

그림 6-4에서 보면 니혼슈도가 +3이라도 산도가 1.0이면 탄레이아마구치(淡麗甘口)로 느끼나, 산도가 2.0이 되면 노준가라구치(濃醇辛口)[99]로 느끼게 된다. 니혼슈도가 같아도 산도가 차이가 나면 맛도 달라진다. 니혼슈의 맛은 니혼슈도뿐 아니라 산도로도 좌우되는 것을 알 수 있다. 사람마다 미각의 차이는 있지만 니혼슈

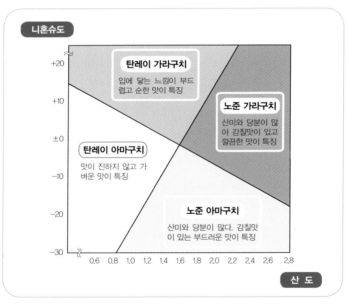

[그림 6-4] 니혼슈도와 산도

도와 산도로 맛을 짐작해 볼 수 있다.

그 외에도 니혼슈 라벨에는 여러 가지 정보가 담겨 있으나 그 중에서 구별하기 어려운 것이 '도쿠센(特撰)／조센(上撰)／가센(佳撰)'이다. 1943년 전쟁 중에 쌀 시장의 혼란으로 밀주가 대량 유통되자 정부가 시장을 바로 잡기 위해서 급별제도(級別制度)를 도입했다. 유통되는 술을 정부가 감독하여 알코올 도수나 주질(酒質)을 근거로 '특급／1급／2급'으로 분류한 것이다. 이 제도는 1992년에 철폐되었으나 '도쿠센／조센／가센'의 분류가 이 그 잔재로 남았다. 일반적으로 '도쿠센'은 특급에, '조센'은 1급에, '가센'은 2급에 해당한다.

그러나 오늘날에는 주조사마다 자사의 상품에 독자적인 순위를 매기는 데 '도쿠센／조센／가센'의 분류를 사용하기 때문에 같은 '도쿠센'이라도 주조사마다 맛이 다르다.

3. 니혼슈의 다양한 이름들

같은 상표의 니혼슈라도 나마즈메슈(生詰め酒), 나마초조슈(生貯藏酒), 나마자케(生酒) 등 여러 가지 이름이 있다. 일반적인 니혼슈는 저장하기 전과 병에 넣기 전 두 번에 걸쳐 열처리(火入れ, 히이레)[100]를 하는데, 나마자케는 열처리를 한 번도 하지 않은 가장 신선한 맛의 술이다. 혼나마(本生)라고도 한다. 나마(生)에는 3종류가 있는데 나마자케(生酒), 나마초조슈(生貯藏酒), 나마즈메슈(生詰め酒)이다. 나마초조슈는 두 번의 열처리 중에서 저장 전 열처리는 하지 않고 병에 넣기 전에만 열처리를 한다. 열처리를 하지 않은

상태로 저장기간이 계속되므로 어느 정도 숙성감이 있다. 나마즈메슈는 저장 전에 열처리를 하고 병에 넣기 전에는 열처리를 하지 않은 것으로 세 종류 가운데 신선도가 가장 떨어진다.

하얗고 탁한 술에는 여러 종류가 있는데 도부로쿠(どぶろく)는 거르기 전 단계의 술인 모로미를 여과하거나 거르거나 하지 않고 누룩이나 원료인 쌀 입자가 많이 남아 있는 상태 그대로 마시는 것이다. 니고리자케(にごり酒)는 결이 고운 천으로 거른 것으로 천의 고운 결을 통과한 고형물이 섞여 있는 것이다. 오리가라미(おりがらみ)는 거른 술에 고운 쌀 등의 오리(おり, 침전물)를 남긴 것이다. 간단히 말해, 오리가라미는 오리를 남긴 것이고 니고리자케는 결이 고운 천으로 오리를 걸러낸 것이다. 니고리자케의 대부분은 니혼슈에 포함되지만 도부로쿠는 세이슈의 규정으로 정해진 거르는 작업을 하지 않았기 때문에 니혼슈로 분류되지 않는다.

제조가 간단한 도부로쿠는 이전에는 가정에서도 만들었으나 메이지 시대에 자가 제조가 금지되었다. 이후 '도부로쿠'는 일반적으로는 밀주를 가리키는 말이 되었다. 현재 주조회사 이외에 도부로쿠 제조가 허가된 곳은 신에게 제사 지낼 때 도부로쿠를 사용하는 신사(神社)뿐이다. 또 바로 그 자리에서 소비하는 조건으로 민박집 등에서 제조·판매가 허락된 도부로쿠 특구[101]가 있다. 도부로쿠 제조가 허가된 신사에서는 도부로쿠 축제[102]를 열어 일반 참배객에게 도부로쿠를 대접하기도 한다.

특별한 용기에 들어 있는 다루자케(樽酒)는 나무통에서 숙성시킨 니혼슈로 삼나무의 상쾌한 향이 특징이다. 출하 시에 병이 아닌 다루(樽, 나무통)에 들어 있는 것은 축하의 자리에서 다루자케의 뚜껑을 깨서 술을 나누어 먹는 가가미비라키(鏡開き)[103]에 사용

된다. 이것은 다루자케의 뚜껑을 양조장에서 가가미(鏡, 거울)라고 부르기 때문이다. 농경민족인 일본인에게 쌀로 만든 니혼슈는 신성한 의미로 여러 신에게 농사가 잘 되길 기원하고 기원이 끝나면 술을 나누어 먹으며 기원의 성취를 비는 풍습이 있다.

[그림 6-5] 다루자케

결혼식 피로연에서 인기가 많은 가가미비라키(鏡開き)의 '鏡'(거울)에는 원만함, '開き'(열림)에는 '스에히로가리'(末広がり, 끝이 좋은 것)의 의미가 있다. 연회나 회식의 종료를 오히라키(お開き)라고 하는 것도 끝이 좋다는 뜻이기 때문이다. 다루자케를 술잔 대신 마스(枡)[104]에 따라 하는 건배는 복을 부르는 멋진 의식으로 프로야구나 스모를 비롯하여 각종 경기의 우승 축하연이나 회사의 신년회, 개업식, 결혼식에서도 자주 볼 수 있다.

4. 니혼슈의 이름이 다 비슷한 이유

니혼슈 상표에 보면 '山'(야마) '鶴'(츠루) '正'(마사) '宗'(무네) 등의 글자가 가장 많이 씌었다. 술집에서 판매하는 술 이름에 '○○鶴' '○○山' '○○正宗'이 가장 많이 붙은 것과 비슷하다.

니혼슈의 이름 가운데 대표적인 것이 '○○正宗'이다. 그 원조는 고베(神戸)[105]에 있는 '사쿠라마사무네'(櫻正宗)이다. 1840년 6대 주인이 보다 남성적인 명칭을 찾다가 붙인 이름이다. '正宗'을 음독하면 '세이슈'인데, '淸酒'도 '세이슈'로 읽으므로 연관성을 갖는 것에서 명명한 것이 시작이라고 한다.

사쿠라마사무네는 명주(名酒)가 많은 효고현 나다(灘)의 니혼슈 중에서도 가장 인기가 좋아서 거기에 동화되어 '○○마사무네'로 이름을 붙인 니혼슈를 판매하는 양조장이 메이지 시대 이후 전국 각지에 등장하였다. 마사무네, 즉 정종(正宗)은 한국인에게도 상당히 익숙하다. 오랫동안 '청주'를 '정종'으로 불러왔기 때문이다.

하지만 우리에게 익숙한 '정종'은 술의 종류가 아니라 니혼슈의 상표이다. 본래 니혼슈는 토지마다 생산되는 쌀과 물을 재료로 만들어지는 것으로 지역의 자연과 하나로 보아도 좋을 만큼 밀접한 관계를 가지고 있다. 그러므로 그 지역의 대표적인 산 이름이 들어가는 '○○山'이라는 이름도 많이 사용되었다. 또 산은 오래전부터 일본인에게는 신앙의 대상이었고 신에게 제사를 지낼 때는 빠질 수 없는 술에, 그곳에 사는 사람들의 신앙이 집약되는 산의 이름이 술의 이름으로 많이 사용되는 것은 당연하다고 볼 수 있다.

"학은 천년을 살고 거북이는 만년을 산다"는 말처럼 장수의 이미지가 있는 '○○鶴'은 니혼슈의 이름으로 사용하기에 손색이 없다. 황실 가문의 문양으로 사용되는 기쿠(菊, 국화)는 일본인에게는 신성한 느낌이 강하므로 '○○菊'도 니혼슈의 이름으로 많이 사용된다. 유키(雪, 눈)는 자연현상 중에서 가장 정결한 이미지를 주므로 '○○雪'도 술 이름으로 부족함이 없다. 이러한 이미지를 니혼슈의 맛을 나타내는 구실로 삼아 이름을 붙였다(표 6-3 참조).

일본에서 니혼슈의 생산량이 가장 많은 곳은 간사이 지방의 효고현(兵庫縣)으로, 전체의 30%가 생산된다. 그 중에서도 나다(灘) 지방은 일본 최대의 니혼슈 생산지이다.

〈표 6-3〉 술 이름에 사용되는 한자 Best 10

순위	한자	상표 수	대표적인 상표와 산지
1	山	247	핫카이산(八海山) / 니가타현(新潟県)
2	鶴	191	사와노츠루(沢の鶴) / 효고현(兵庫県)
3	正	177	쇼우세츠(正雪) / 시즈오카현(静岡県)
4	宗	164	기쿠마사무네(菊正宗) / 효고현(兵庫県)
5	菊	157	기쿠히메(菊姫) / 이시카와현(石川県)
6	大	156	오제키(大関) / 효고현(兵庫県)
7	乃	146	고시노칸바이(越乃寒梅) / 니가타현(新潟県)
8	金	131	긴츠루(金鶴) / 니가타현(新潟県)
9	白	131	하쿠츠루(白鶴) / 효고현(兵庫県)
10	泉	125	가모이즈미(賀茂泉) / 히로시마현(広島県)

에도 시대부터 명주로 전국적으로 알려진 나다 지방의 술이 일
본 최대 규모가 된 데에는 이유가 있다. 이 지방의 미야미즈(宮水)
라는 유명한 물은 칼륨은 많고 철분이 아주 적어 술 담그기에 적
합한 최고의 물로, 각지의 양조장에 이 물을 파는 업자와 전문 운
송업자까지 있었다고 한다. 게다가 효고현 내에는 니혼슈의 원료
인 쌀 중에서도 최고급 주조호적미 '야마다니시키'(山田錦)의 최상
급 생산지 '특A지구'로 지정된 지역도 있다.

최고의 물이 있고 최고의 쌀을 키우는 효고현은 예나 지금이나
니혼슈 제조를 대표하는 지역이다. 10위까지의 순위를 살펴보면
2위는 같은 간사이 지방인 교토부(京都府), 3위는 쌀로 유명한 니
가타현(新潟県), 4위는 아키다현(秋田県), 5위는 아이치현(愛知県),
6위는 사이타마현(埼玉県), 7위는 후쿠시마현(福島県), 8위는 히로
시마현(広島県), 9위는 야마나시현(山梨県), 10위는 야마가다현(山
形県)이다.

5. 유명한 니혼슈 구경하기

사케 사진	사케명	설명과 정보

구보타 추구
Kubota Tsugu
継純米大吟醸

쿠보타, 도쿠베츠 등으로 유명한 아사히주조에서 그간 쌓아온 경험과 역량, 기술을 총동원하여 만들어낸 플래그십 상품.
자체 개발한 원형정미방식을 비롯하여 현시대 양조 기술 중 가장 선진적 방식들을 채택하여 프리미엄 사케의 기준을 재정립하였다. 강렬한 응축감이 느껴지는 화려한 터치, 입 안에서 폭발하듯 터져나가는 맛의 요소, 안개처럼 아스라히 사라지는 여운이 완벽한 조화를 이룬, 실로 아사히주조 그 자체를 한 병에 담은 술이다.

특정명칭	준마이다이긴조	일본주도	+0
정미율	35%	산도	1.5
알코올 도수	16.0%	규격	720ml

쿠보타 만주
Kubota Manjyu
久保田 萬壽

170년 전통을 지켜온 쿠보타 브랜드의 최고봉으로 국내외에서 절대적인 인지도를 자랑하는 술이다. 원조 프리미엄 지자케로서의 이름뿐 아니라, 부드럽고 매끈하며, 중용을 지키는 절제된 감칠맛과 깔끔한 터치로 오랜 기간 고급 사케의 기준으로 사랑받아 왔다.

특정명칭	준마이다이긴조	일본주도	+2.0
정미율	33%	산도	1.2
알코올 도수	15.5%	규격	300ml/720ml/ 1.8L

오토코야마 준마이다이긴조
Otokoyama Junmai Daiginjo
男山 純米大吟醸

세계 주류 콩쿠르에서 33년간 금메달의 영예를 지켜온 오토코야마는 홋카이도를 대표하는 양조장이다. 그 중 최고급인 준마이다이긴조는 입안 가득 느껴지는 청량한 과실향과 품격 있는 감칠맛으로 국내외에서 높은 인기를 자랑한다. 홋카이도 지방의 청명한 기후가 잘 반영된 클래식한 술이다.

특정명칭	준마이다이긴조	일본주도	+5.0
정미율	40%	산도	1.3
알코올 도수	16.9%	규격	720ml

오토코야마 도쿠베츠준마이
Otokoyama
Tokubetsujunmai
男山 特別純米

세계 주류 콩쿠르에서 33년간 금메달의 영예를 지켜온 오토코야마는 홋카이도 지방을 대표하는 최고의 브랜드이다. 특히 간판상품인 도쿠베츠준마이는 드라이하면서 풍부한 감칠맛, 깔끔한 목넘김으로 일본뿐 아니라 전 세계적으로 호평 받아, 생산량의 상당 부분은 수출로 소비된다.

특정명칭	도쿠베츠준마이	일본주도	+10.0
정미율	55%	산도	1.6
알코올 도수	15.0~15.9%	규격	720ml / 1.8L

코시노칸바이 사이
Koshinokanbai Sai
越乃寒梅 別撰

고집스럽게 기존 라인업을 고수하던 코시노칸바이가 무려 45년 만에 출시한 신제품이다. 절제미가 느껴지는 은은한 긴조향과 단정한 감칠맛, 음식 고유의 맛을 최대한 끌어내주며 반대로 음식으로 인해 사케 고유의 맛 역시 최대한으로 발산될 수 있게끔 설계되었다. 일식, 특히 스시와 최강의 궁합을 보여준다.

특정명칭	도쿠베츠혼조조	일본주도	+2.0
정미율	55%	산도	비공개
알코올 도수	16.5%	규격	720ml

코시노칸바이 벳센
Koshinokanbai Betsen
越乃寒梅 別撰

지자케의 붐을 이끌었다고 평가받는 사케로서 많은 사람들이 즐길 수 있는 사케를 목표로 제조하였지만, 너무 높은 인기로 인해 쉽게 구하지 못하는 브랜드가 되어버린 니혼슈이다. 부드러운 맛과 깔끔한 맛이 일품이며 어떤 요리와도 좋은 궁합을 이루는 사케이다.

특정명칭	긴조	일본주도	비공개
정미율	55%	산도	비공개
알코올 도수	16.5%	규격	720ml

고쿠류 준마이
다이긴조 이시다야
Kokuryu Ishidaya
黒龍 石田屋

고쿠류의 최고 프리미엄, 준마이다이긴조의 왕중왕이다. 3년이라는 숙성기간이 전혀 느껴지지 않는 잡미 없는 투명감, 풍요롭게 부풀어오르는 곡물계열 감칠맛과 은은한 단맛에 아스라한 과실계 긴조향이 어울려 보여주는 하모니는 실로 관능적이다. 고쿠류의 기원, 창업 당시의 소중한 이름인 '이시다야'에 결코 부끄럽지 않은 술이다.

특정명칭	준마이다이긴조	일본주도	+5.0
정미율	35%	산도	1.0
알코올 도수	15.0%	규격	720ml

고쿠류 다이긴조 류
Kokuryu Daiginjo Ryu
黑龍 大吟釀 龍

와인 숙성법을 응용하여 1975년 출시부터 매년 한
정된 수량만 발매하는 최고의 다이긴조이다. 숙성
을 통해 얻어진 부드러운 맛과 은은한 긴조향이 멋
진 밸런스를 유지하고 있어 성게알, 생새우, 랍스터
등 고급 요리 재료 본연의 맛을 잘 살려 준다. 지나
치게 화려하지 않으면서도 고유한 개성이 살아 있
어 요리에 곁들이기 좋은 다이긴조이다.

특정명칭	다이긴조	일본주도	+4.5
정미율	50% 이하	산도	1.0
알코올 도수	15.0%	규격	720ml

닷사이 미가키 소노사키에
Dassai Migaki Sonosakie
獺祭 磨き その先へ

현재 일본에서 가장 주목 받는 브랜드, 닷사이에서
10여 년간의 연구를 거쳐 선보인 사케이다. 일반적
인 준마이다이긴조를 넘어서는, 슈퍼 준마이다이긴
조를 목표로 빚어졌다. 20% 이하로 정미된 야마다
니시키가 사용되었으며, 다양한 과실향으로 구성된
긴조향과 복잡성, 중층성을 띠는 오일리한 질감, 기
나긴 여운을 가지고 있다.

특정명칭	준마이다이긴조	일본주도	+4.0
정미율	20% 이하	산도	1.1
알코올 도수	16.0%	규격	720ml

닷사이 준마이다이긴조 50
Dassai Junmai Daiginjo
獺祭 純米大吟釀 50

닷사이 시리즈의 엔트리급이자 기본이다. 야마다니
시키를 50% 정미하여 빚어낸 준마이다이긴조로
균형미 있는 향과 깔끔한 감칠맛, 적당한 단맛이 잘
어우러져 있다. 취하기 위한 술이 아닌, 맛을 즐기
기 위한 술을 목표로 하는 제조사의 집념이 고스란
히 담겨 있다.

특정명칭	준마이다이긴조	일본주도	+3.0
정미율	50% 이하	산도	1.5
알코올 도수	16.0%	규격	720ml

신고노 잇폰 준마이다이긴조
Shingo no Ippon Junmai
Daiginjo
**真吾の一本
純米大吟釀**

조젠미즈노고토시(上善如水)를 만들어내는 도우지,
야마구치 신고(山口愼吾)가 본인의 이름을 걸고 빚
어낸 역작이자 시라타키주조의 최고봉이다. 화려한
향기와 매끄러운 유질감으로 둘러싸인 감칠맛, 깊
이 있는 여운이 기존 조젠미즈노고토시 시리즈와는
사뭇 다른 인상을 준다. 물처럼 투명하면서도 뚜렷
한 개성미. 도우지의 이름에 결코 부끄럽지 않은 퀄
리티이다.

특정명칭	준마이다이긴조	일본주도	-1.0
정미율	35%	산도	1.3
알코올 도수	16.0%	규격	720ml

조젠 미즈노 고토
준마이긴조
Jozen Mizuno Gotoshi
Junmai Ginjo

**白瀧 上善如水
純米吟醸**

1855년에 창업한 시라타키 주조는 1968년 노벨상을 수상한 가와바타 야스나리의 소설 「설국」(雪國)의 배경이 된 니가타현에 위치한다. 눈 녹은 맑은 물을 원료로 하여 빚어낸 이 시리즈는 순백의 눈처럼 희고 깔끔한 주질을 보여준다. 과하지 않은 긴조향과 은은한 감칠맛과 부드러운 터치는 여성들에게 특히 호평을 받고 있다.

특정명칭	준마이긴조	일본주도	+5.0
정미율	60%	산도	1.3
알코올 도수	14~15%	규격	300ml / 720ml

오야마 토미즈
Ohyama Tomizu

大山 十水

토미즈란 에도 시대에 유행했던 제조 방법으로 물과 쌀을 같은 양으로 맞추어 양조를 행하기에 다소 농후하고 걸쭉한 술이 뽑힌다는 특징이 있다. 이를 응용하여 육류나 맛이 강한 요리에도 곁들일 수 있게끔 풍부한 볼륨감과 감칠맛, 산미를 조화롭게 발현시켰다. 뚜렷하지만 은은한 존재감이 특징으로, 다양한 음식에 무난히 곁들이기 좋다.

특정명칭	도쿠베츠준마이	일본주도	-6.0
정미율	60%	산도	1.6
알코올 도수	15.5%	규격	300ml / 720ml

온나카세 준마이다이긴조
Onnanakase Junmai
Daiginjo

女泣かせ 純米大吟醸

와카다케 오니고로시로 유명한 오무라야 주조장의 최고급주로, 아련히 느껴지는 단맛과 은은한 향, 부드러운 목넘김이 특징이다. 이 술이 너무 맛이 있어 남자들이 여자들을 가까이 하지 않고 술만 마셔댔다 하여 '여인을 울리는 술'이라는 별명이 붙었다.

특정명칭	준마이다이긴조	일본주도	+4.0
정미율	50% 이하	산도	1.6
알코올 도수	17.5%	규격	720ml

와카다케 오니 준마이겐슈
Wakatake Oni

若竹 鬼 純米酒 原酒

"귀신을 쫓는다"는 이름 그대로, 파워풀한 맛을 자랑하는 농후하고 드라이한 사케이다. 특유의 높은 알코올 도수와 음용시 느껴지는 뿌듯한 충실감, 입안을 깔끔히 정리해주는 상쾌감으로 인해, 남성은 물론이고, 여성팬들에게도 상당한 지지를 받는 제품이다.

특정명칭	특별 준마이	일본주도	+7.0
정미율	60%	산도	1.5
알코올 도수	17.9%	규격	720ml / 1.8L

츠키노가츠라 야나기
Tsukinokatsura Yanagi
月の桂 柳

전통과 문화의 고장 교토의 분위기를 그대로 담아 술을 빚는 마스다토쿠베이 쇼텐의 간판상품. 재료인 주조미 본래의 매끄러운 곡물감과 감칠맛에 상쾌한 산미가 액센트가 되어 윤택한 볼륨감을 자랑한다.

특정명칭	준마이다이긴조	일본주도	+3.0
정미율	50%	산도	1.7
알코올 도수	16.0%	규격	720ml

데와자쿠라 유키만만
Dewazakura Yukimanman
出羽桜 雪漫々 氷点五年熟成

유키만만은 데와자쿠라 주조가 자랑하는 저온숙성 창고에서 5년간 −5도로 숙성시킨 빈티지 다이긴조이다. 섬세함을 유지하기 위해 무압력으로 자루에 담아 방울져 떨어지는 술만 받아모아 병입 후 숙성을 거쳤기에 차분한 긴조향과 담백하지만 힘 있는 감칠맛이 특징이다. 빙온숙성주 특유의 깊이 있는 숙성감을 제대로 맛볼 수 있다.

특정명칭	다이긴조	일본주도	+4.0
정미율	35%	산도	1.2
알코올 도수	16.5%	규격	720ml

데와자쿠라 준마이긴조
Dewazakura Junmai Ginjo
出羽桜 純米吟醸

주욘다이와 함께 야마가타 사케의 양대산맥을 이루는 데와자쿠라. 오우카 긴조는 1980년대, 비싼 가격으로 인해 일반인들이 만날 수 없었던 '긴조'라는 카테고리를 시장에 성공적으로 안착시킨 일등공신이다. 기품 있게 피어나는 단정한 긴조향에 은은한 단맛 베이스 감칠맛이 어우러져 보여주는 멋진 하모니는 지금까지 '긴조 스탠더드'를 굳건히 지켜올 수 있게 한 원동력이다.

특정명칭	긴조	일본주도	+5.0
정미율	50%	산도	1.2
알코올 도수	15.5%	규격	720ml

히노키시 준마이다이긴조
Hinokishi Yukimanman
彼の岸 純米大吟醸

카모시비토 쿠헤이지 시리즈에 새롭게 추가된 플래그십 준마이다이긴조이다. 양조장인들이 직접 재배한 야마다니시키를 35% 정미해 만들어냈다. 좋은 술은 좋은 원료가 결정한다는 철학 아래, 가장 기본이 되는 재료인 주조미부터 공을 들였다. 갓 출시된 신주 상태에서는 발랄한 개성이 앞서나, 숙성이 진행될수록 그윽한 깊이감이 더해진다. 올해보다 내년, 내년보다 후년이 기대되는 술이다.

특정명칭	준마이다이긴조	일본주도	비공개
정미율	30%	산도	비공개
알코올 도수	16.5%	규격	720ml

카노치 준마이다이긴조
Kanochi Junmai Daiginjo
彼の地 純米大吟醸

'카노치'(彼の地)는 별천지, 유토피아를 의미한다. 마시는 이로 하여금 사케맛의 새로운 세계를 경험하게끔 하려는, 양조장의 철학이 담긴 이름이다. 상큼한 산미와 미세한 탄산의 발랄함. 그리고 복잡한 과실향이 아로새겨진 맛을 선보인다. 레이블에 원료미의 수확연도를 기재하여 숙성을 통해 얻어지는 원숙미와 시간의 흐름을 즐겨볼 수 있다.

특정명칭	준마이다이긴조	일본주도	비공개
정미율	40%	산도	비공개
알코올 도수	16.5%	규격	720ml

우라가스미 젠 준마이긴조
Urakasumi Zen
浦霞 禅 純米吟醸

미야기현 지자케를 대표하는 우라가스미의 간판상품이다. 데와자쿠라의 '오카긴조'와 함께 일본 긴조 시장을 견인한 쌍두마차이다. 부드럽고 청초한 긴조향에 깔끔한 감칠맛이 등장하다 마무리에 산미와 쌉싸름한 자극감이 동시에 나타나 임팩트를 준다. 은은하며 드라이하지만 무겁지 않은 술을 찾는다면 매우 좋은 선택이다.

특정명칭	준마이긴조	일본주도	+1.0
정미율	50%	산도	1.3
알코올 도수	15~6%	규격	720ml

우라가스미 혼지코미
렌데츠 보우아
Rendez-voua
本仕込 浦霞

이치노쿠라와 함께 미야기를 대표하는 양대 산맥. 우라가스미 시리즈의 가장 기본적인 상품이다. 낮은 가격임에도 불구하고, 기품 있고 상쾌한 향기와 슴슴한 감칠맛. 그리고 질리지 않는 단정한 목넘김으로 지역민들의 전폭적인 지지를 받고 있다. 차게 먹어도 좋으나, 데워 먹으면 그 매력이 더욱 확실히 느껴진다.

특정명칭	도쿠베츠혼조조	일본주도	+9.5
정미율	65%	산도	1.4
알코올 도수	15.0%	규격	720ml

텡구마이 준마이다이긴조
Tengumai Junmai Daiginjo
天狗舞 純米大吟醸

파워풀한 야마하이 제법으로 유명한 텡구마이가 농후감과 무게감을 배제하고 그 자리를 산뜻함과 세련미로 채운 준마이다이긴조이다. 적당히 중심을 잡아주는 볼륨감에 부담스럽지 않은 산미와 은은한 단맛이 경쾌한 조화를 보여준다. 맛이 다소 강한 요리에도 잘 어울리는 준마이다이긴조이다.

특정명칭	준마이다이긴조	일본주도	+3.0
정미율	50%	산도	1.4
알코올 도수	15.5%	규격	720ml

텐구마이 야마하이 준마이
Tengumai Yamahai
Junmai
天狗舞 山廃純米

1823년 창업한 샤타주조의 대표브랜드인 텐구마이는 '야마하이' 제법의 대명사이기도 하다. 텐구마이 야마하이준마이는 이 시리즈의 간판상품으로서, 일본내 수많은 사케 마니아들에게 야마하이의 장점을 어필해 왔다. 농후한 향미와 개성적인 산미, 거기에 더해진 준마이슈 특유의 깊은 감칠맛이 어우러져 한층 깊어진 맛의 세계로 안내한다.

특정명칭	준마이	일본주도	+3.0
정미율	60%	산도	1.8
알코올 도수	15.5%	규격	720ml / 1.8L

쿠스다마 히다노카라캉
Kusudama Hidano
Karakan
久寿玉 飛騨の辛燗

300여 년에 달하는 역사와 해발 570m라는 위치로 유명한 쿠스다마 시리즈. 이름에서 알 수 있듯이 아츠캉(뜨겁게 데워 먹는 청주)을 염두에 두고 빚어낸 사케로, 단단하고 단맛 없는 드라이 타입이다. 경쾌한 감칠맛과 깔끔한 뒷맛, 데워도 변함없이 살아 있는 특유의 향미가 특징이다. 가을, 겨울 추천 상품이다.

특정명칭	도쿠베츠혼조조	일본주도	+7.0
정미율	60%	산도	1.7
알코올 도수	15~15.9%	규격	720ml

하쿠레이 코우덴
도쿠베츠준마이
Kouden Tokubetsu Junmai
香田 特別純米

야마다니시키 중에서도 최고급인 쿄토산 야마다니시키만을 사용해 빚어낸 도쿠베츠준마이이다. 긴조급에 육박하는 향과 소프트한 터치를 선보이며, 특히 감칠맛과 산미의 절묘한 밸런스가 일품이다. '향기로운 밭'이라는 이름 그대로, 곡물감의 발현에 충실한 술이기에 차게 또는 따뜻하게 등 다양한 온도대에서 즐길 수 있다.

특정명칭	도쿠베츠준마이	일본주도	+1.0~3.0
정미율	70%	산도	1.5~1.7
알코올 도수	14.5%	규격	720ml

기쿠히메 쿠쿠리히메
Kikuhime Kukuri Hime
菊姫 菊理媛

특A지구 야마다니시키를 사용해 빚어낸 긴조 중, 그 해 가장 좋은 퀄리티를 가진 술만을 선별해 10여 년에 걸쳐 서서히 숙성시킨 술, 그것이 쿠쿠리히메이다. 색과 맛이 진해지는 일반적인 숙성주와 달리, 투명한 감칠맛과 터치에 깊이감만을 더한 타입으로, 숙성주가 도달할 수 있는 최고의 경지에 올랐다는 찬사를 듣는 예술품이다.

특정명칭	긴조	일본주도	비공개
정미율	50%	산도	비공개
알코올 도수	17.5%	규격	720ml

기쿠히메 카요우 기쿠자케
Kikuhime kayoukikuzake
菊姫 加陽菊酒

최고의 주조호적미인 특A지구 야마다니시키만 사용하기로 유명한 키쿠히메 주조의 기본이 되는 상품이다. 적당한 깊이감을 가진 감칠맛과 산뜻한 터치, 가벼운 뒷맛을 보여준다. 엔트리급 상품 답게 크게 부담되지 않는 가격도 매력적이다.

특정명칭	긴조	일본주도	+5.0
정미율	55%	산도	1.3
알코올 도수	17.5%	규격	720ml

신파쿠 야마다니시키
준마이다이긴조
Shinpaku Yamadanishiki
心白 山田錦
純米大吟釀

주조미 중에서 가장 으뜸인 야마다니시키의 심백(쌀의 중심부)을 모티브로 한 라벨 디자인과 상품명으로 사용할 만큼 야마다니시키의 특성이 잘 살아있다. 화려한 향과 깊이 있고 부드러운 맛의 하모니를 즐길 수 있다.

특정명칭	준마이다이긴조	일본주도	+4.0
정미율	50%	산도	1.6
알코올 도수	16~17%	규격	720ml

남부비진 긴조
Nambubijin Ginjo
南部美人 吟釀

이와테현의 명주, 남부비진의 간판상품이다. 차분하며 은은한 과실향에 부드러운 맛이 특징이다. 식재료와의 궁합을 최우선으로 고려했기에, 기복 없이 질리지 않는 맛을 선보인다. 차게는 물론 데워먹어도 훌륭한 퍼포먼스를 보여주는 부담 없는 한 병이다.

특정명칭	긴조	일본주도	+5.0
정미율	60%	산도	1.3
알코올 도수	15.8%	규격	720ml / 1.8L

갓산 카오리하나야카
Kaori Hanayaka
月山 香り華やか

한국 시장에서의 긴조슈 대중화를 위하여 니혼슈 코리아와 갓산이 힘을 합쳐 빚어낸 술. 부드럽게 피어오르는 풍부한 과실향에, 알코올 자극 없이 은은하게 퍼지는 단맛과 감칠맛, 경쾌한 목넘김 등 웰메이드 긴조의 덕목을 빠짐없이 지니고 있다. 가격도 저렴.

특정명칭	긴조	일본주도	비공개
정미율	60%	산도	비공개
알코올 도수	14.0%	규격	720ml

갓산 사사라츠키
Sasara Tsuki
月山 ささら月

저도수 스위트 타입으로써, 술에 약한 여성분들 또는 식전주나 디저트 청주로 권하기 좋은 술이다. 인공적으로 첨가된 것과는 다른, 쌀에서 유래한 부드러운 곡물계열 단맛이 특징이다.

특정명칭	소프트 준마이	일본주도	−20
정미율	60% 이하	산도	2.0
알코올 도수	10~19%	규격	720ml

쿠라노하나 준마이다이긴조
Kurano Hana Junmai Daiginjo
一ノ蔵 純米大吟醸 蔵の華

이치노쿠라가 내는 최고의 니혼슈가 쿠라노하나이다. 미야기에서 재배한 주조미 쿠라노하나를 원료로 빚은 준마이다이긴조로서, 화려한 과실향과 우아한 감미로움, 그리고 잡미가 없는 투명감이 특징이다. 2012년도 일본 명문주회 니혼슈 테이스팅에서 당당히 1위를 차지, 그 품질을 입증했다.

특정명칭	준마이다이긴조	일본주도	−1.0
정미율	40%	산도	1.1
알코올 도수	15.5%	규격	720ml

이치노쿠라 무칸사 혼조조 초카라구치
Ichinokkura MukAansa Honjyouzo
一ノ蔵 無鑑査本醸造 超辛口

급별제도가 아직 남아 있던 옛날, '특급'이라는 표시를 술에 달기 위해서는 많은 세금이 필요했는데, 이러한 심사과정을 과감히 포기하고 세금만큼 가격을 낮추어 팔아 공전의 히트를 기록한 것이 바로 이 무칸사이다. 차분한 향기에 쌉쌀한 느낌이 주가 되나 입안에서 퍼지는 은은한 감칠맛이 부드럽고, 목넘김 후 남는 쨍한 여운이 다음 잔을 부른다.

특정명칭	도쿠베츠혼조조	일본주도	+9.5
정미율	65%	산도	1.4
알코올 도수	15.0%	규격	720ml

가모츠루 다이긴조 골드
Kamotsuru Daiginjo Gold
賀茂鶴 大吟醸 ゴールド

히로시마의 명가, 가모츠루의 플래그십이자 오바마 전 대통령이 일본 방문 당시 도쿄 긴자의 스시집에서 마신 술로 유명하다. 아름다운 순금 벚꽃잎이 병 안에서 하늘거리며, 정갈하고 은은한 과실 계열 긴 조향과 육각수로 빚어낸 깨끗한 맛이 어우러져 격식 있는 자리에 제격이다.

특정명칭	다이긴조	일본주도	+1.5
정미율	50%	산도	1.5
알코올 도수	16~16.9%	규격	180ml / 720ml

가모츠루 혼조조 가라구치
Kamotsuru Honjozo
Karakuchi
賀茂鶴 本醸造 辛口

히로시마현 대표 브랜드인 카모츠루의 혼조조이다. 단맛이 억제된 가벼운 카라구치 타입으로, 부드럽기로 유명한 육각수를 사용하여 호쾌한 목넘김이 특징이다. 머금은 후 입 안을 깔끔히 정리해 주기에 음식 고유의 향미를 더 풍부하게 느낄 수 있다.

특정명칭	도쿠베츠혼조조	일본주도	+6.0
정미율	69%	산도	1.2
알코올 도수	15.5%	규격	300ml/720ml/1.8L

마스미 혼조조 도쿠센
Masumi Honjozo Tokusen
真澄 本醸造 特撰

2014년 봄 특선 마스미가 새롭게 태어났다. 긴조급에 한없이 가까운 혼조조로 우아한 긴조향에서 긴조효모(7호 효모)의 발상 회사다운 기품이 느껴진다. 경쾌하면서 깔끔한 감산미의 조화가 특징으로, 온도대를 가리지 않고 한결같이 좋은 퍼포먼스를 선보이다.

특정명칭	혼조조	일본주도	+3.0
정미율	60%	산도	1.2
알코올 도수	15%	규격	720ml

메이보 요와노츠키
Meibo Yowanotsuki
明眸 夜半の月

일명 Midnight Moon으로 불리며 뉴욕의 일식 레스토랑에서 뉴요커들의 사랑을 독차지하고 있는 인기 상품이다. 세련된 레이블, 병 디자인과 함께 산뜻하고 담백한 터치와 부드러운 감칠맛, 감산미의 조화가 훌륭하며 자극감이 없어 여성들에게도 평가가 좋다.

특정명칭	준마이긴조	일본주도	비공개
정미율	55%	산도	비공개
알코올 도수	15.8%	규격	500ml

하루시카 사쿠라 준마이
Harushika Sakura Junmai
春鹿 桜ラベル 純米酒

나라현 하루시카주조의 엔트리급 상품으로, 쿄토산 야마다니시키를 100% 사용해 빚어냈다. 준마이 등급이지만 긴조급 향을 가졌으며, 또한 준마이의 특징인 부드러운 볼륨감과 감칠맛 역시 함께 가지고 있다. 부담 없는 가격으로 긴조와 준마이 두 특성을 동시에 즐겨볼수 있는 재미난 사케이다.

특정명칭	준마이	일본주도	-9
정미율	70%	산도	비공개
알코올 도수	15~16%	규격	720ml

소치구바이 준마이 750
Shochikubai Junmai 750
松竹梅 純米750

소치구바이가 세계를 겨냥해 야심차게 빚어낸 준마이로서, 2011년 사케 품평회(USA) 금메달 수상했을 정도로 안정된 맛을 자랑한다. 전통적인 곡물계열 감칠맛에 풋사과, 멜론 등을 연상케 하는 은은한 과실향이 가볍게 얹혀 있어 안주의 맛을 가리지 않으며, 뛰어난 가성비로 인해 부담없이 즐기기 좋다.

특정명칭	준마이	일본주도	비공개
정미율	70%	산도	비공개
알코올 도수	15.0%	규격	750ml / 1.5L

미오
Sparkling Sake MIO
松竹梅白壁蔵 澪

상쾌한 거품이 기분 좋게 다가오는 신감각 스파클링 사케이다. 저도수라 부담없이 즐길 수 있으며, 적절한 감산미가 절묘한 밸런스를 선보인다. 쌀로 만들었다고는 믿을 수 없는 상쾌함과 탄산감으로 마치 샴페인을 마시듯 즐길 수 있다.

특정명칭	보통주	일본주도	비공개
정미율	–	산도	비공개
알코올 도수	5.0%	규격	300ml

카리호 가와세미
Kariho Kawasemi
刈穂 カワセミ

드라마 「아이리스」의 배경으로 유명한 아키타현이 개발한, 주조호적미 아키타코마치를 50% 정미하여 빚어낸 준마이다이긴조이다. 라벨에는 양조장 주변에 서식하는 카와세미(물총새)를 넣었는데, 화려하고 아름다운 맛과 향이 물총새의 그것과 꼭 닮아 있다. 최근 인지도 급상승 중인 아키타 지자케의 매력을 느낄 수 있다.

특정명칭	준마이다이긴조	일본주도	+6.0
정미율	50%	산도	1.9
알코올 도수	15.5%	규격	720ml

카오리 하나야구 준마이
Kaori Hanayagu Junmai
香り華やぐ純米

점점 다양화되어 가는 현대인의 입맛에 맞추어 사케 맛 역시 새롭게 변화되고 있다. 그 중 하나야구 준마이는 와인 효모를 사용하여 지금까지의 사케들과 완전히 다른 맛을 선보여 일약 화제에 올랐다. 쌀로 만들었다고는 생각할 수 없는 화려한 향과 화이트 와인을 연상케 하는 새콤달콤한 맛은 일식은 물론이고 양식, 한식 등 어디에나 잘 어울린다.

특정명칭	준마이	일본주도	비공개
정미율	70%	산도	비공개
알코올 도수	15.5%	규격	900ml

반슈니시키
Banshunishiki
播州錦

반슈니시키는 부담없는 가격과 가격을 상회하는 품질이 특징으로, 잔술 또는 도쿠리 판매에 특화된 사케이다. 지나치게 드라이하거나 스위트하지 않기에 고객들의 호불호가 심하게 갈리지 않으며, 차게 또는 데워 마셔도 변함없는 퀄리티가 장점이다.

특정명칭	보통주	일본주도	비공개
정미율	–	산도	비공개
알코올 도수	13.5%	규격	180ml / 1.8L

츠카사보탄 준마이 하나
Tsukasabotan Junmai Hana
司牡丹 純米 花

두 종류의 준마이슈를 블렌드하여 만들어낸 상품으로, 경쾌함 속에 느껴지는 적당한 농후함이 특징이다. 단맛, 신맛, 감칠맛 등 어느 하나의 맛에 집중하지 않고, 전체적인 조화에 중점을 두었다. 라이트한 드라이 타입이라 마시기가 편하며, 특히 목넘김과 여운이 깔끔하여 요리에 곁들이기 좋다.

특정명칭	준마이	일본주도	+6.5
정미율	70%	산도	1.3
알코올 도수	14.5%	규격	720ml

츠카사보탄 야마유즈 시보리
Tsukasabotan Yamayuzu Shibori
司牡丹 山柚子搾り

무농약 유자의 생과즙을 준마이슈에 짜 넣었다. 향료, 착색료, 산미료, 보존료 등 첨가물은 일체 사용하지 않는다. 상쾌한 향과 새콤달콤한 맛은 일본뿐 아니라 세계 유수의 시음회에서 절찬리에 호평받는 중이다. 언더락 또는 스파클링 워터를 곁들여 마시면 그 풍미가 배가된다. 칵테일용으로도 좋다.

특정명칭	리큐르	일본주도	–
정미율	–	산도	–
알코올 도수	8.0%	규격	720ml

※자료 제공: 니혼슈코리아(http://www.nihonshu.co.kr)

chapter **7**

니혼슈 즐기는 방법

니혼슈 즐기는 방법

1. 니혼슈 테이스팅과 보관법

술의 맛과 향, 색으로 술의 품질을 판정하는 것을 기키자케(利き 酒)라고 하는 테이스팅이다. 복잡하게 얽힌 향과 맛을 갖는 니혼 슈는 상표나 산지, 라벨의 정보만으로 맛을 전부 전달하기는 어렵 다. 사람의 눈과 코, 입, 귀, 혀를 사용하여 감각에 의한 판단이 유 일한 방법이다.

기키자케의 순서는 전용 술잔인 기키초코(利き猪口, 테이스팅 전 용 잔)에 7부 정도 술을 따른 후에 술잔 바닥의 하얀색 원으로는

[그림 7-1] 테이스팅 전용 잔인 기키초코

술의 색[106]과 투명도를 보고, 파란색 원 쟈노메(蛇の目, 뱀의 눈)로는 술의 광택을 본다(그림 7-1 참조).

그 다음에는 코로 향의 성질이나 강함 정도를 확인한다. 그리고 소량을 입에 머금고 혀 위에서 굴리면서 맛을 본다. 입에 너무 오래 머금으면 타액으로 술이 희석이 되므로 5~10초 정도가 적당하다. 마지막에 입에 머금은 술은 하키(はき)라고 하는 용기에 뱉어낸다.

그 후에 코로 느끼는 향을 확인한다. 술잔에 따르자마자 바로 풍기는 우와다치카(上たち香)와 공기에 접촉한 후에 생기는 다이니노카오리(第二の香り), 그리고 입에 머금었을 때 코에서 느껴지는 후쿠미카오리(含み香り), 마지막에 남는 노코리카(残り香)까지 향의 변화를 느낀다(표 7-1 참조).

기키자케는 술을 마시게 되면 판단능력이 둔해지기 때문에 마시지 않고 맛만 보는 것이 철칙이다. 원래 이 기키자케는 양조장에서 출하 전에 주질(酒質)을 보기 위한 관능검사였는데, 술집에서 일반인들이 맛을 비교하는 것이 되었다.

이론적으로 복잡하게 따지기보다는 즐거운 마음으로 맛본 술을 기억하는 것이 중요하다. 맛은 지극히 개인적인 취향이므로 술의

〈표 7-1〉 니혼슈의 향

향의 종류	나타나는 시기
우와다치카(上たち香)	술잔에 따랐을 때 풍기는 향
다이니노카오리(第二の香り)	공기 접촉 후에 생기는 향
후쿠미카오리(含み香り)	입에 머금었을 때 코에서 느껴지는 향
노코리카(残り香)	마지막에 남는 향

평판이나 가격, 인기를 의식할 필요는 전혀 없다. 니혼슈는 제조 시기 표시가 의무화되어 있다. 제조부터 출하까지 수개월이나 걸리기 때문이다. 보존기간은 개봉 전과 개봉 후의 기간이 다르다. 기본적인 유통기한은 출하연도부터 3개월, 길어도 1년 이내이다. 유통기한이 지났더라도 개봉 전의 술은 코슈(古酒)[107]로 진화시킬 수 있다.

개봉 후 유통기한이 지났거나 향이나 맛이 취향에 맞지 않으면 요리할 때 사용하는 것은 무방하다. 지나치게 오래되어서 요리에 쓰기도 망설여진다면 목욕이나 족욕할 때 쓰면 된다. 그러나 힘들게 세상에 나온 니혼슈를 발에게 양보하는 일은 너무 슬픈 일이다.

일반적으로 식품이나 음료에는 유통기한이 있다. 니혼슈 라벨에는 그 술이 만들어진 연도를 나타내는 주조연도(BY)[108]나 그 술이 병에 담겨 출하된 시기를 나타내는 제조연월이 표시되어 있을 뿐 대부분의 경우 유통기한은 적혀 있지 않다. 니혼슈는 유통기한 표시가 의무사항이 아니기 때문이다. 주조연도(酒造年度)와 제조연월(製造年月)은 다르다. 주조연도는 7월 1일부터 다음해 6월 30일까지 기간으로 연도를 구분 짓는다.

예를 들어 헤이세이(平成) 29년(2017) 7월 1일부터 30년(2018) 6월 30일까지의 기간에 만들어진 술이라면 [29BY]라고 한다(하단 그림 참조). 업계에서는 이 주조연도 안에 만들어진 술을 신슈(新酒),[109] 전년도에 만들어진 술을 코슈(古酒)라고 하지만 표시에 명

헤이세이 29년 7월 1일 (2017) ←— 29BY (1년간) —→ 헤이세이 30년 6월 30일 (2018)

확한 정의는 없다. BY 표시가 있으면 어느 정도의 기간을 숙성시킨 술인지 알 수 있는 정보원이 된다.

니혼슈의 보존기간은 술의 종류와 개봉 전과 후가 다르므로 주의를 기울여야 한다. 대부분 니혼슈를 선물받았을 때 아낀다고 고이 모셔 두거나 관심이 없어서 방치하는 경우가 있는데, 조금만 신경을 쓰면 보존상태도 양호하고 보존기간도 길어질 수 있다.

니혼슈를 가정에서 보관할 때 주의할 점은 다음과 같다. 첫째로 기온차가 적은 곳에 보관하되 고온에 두면 숙성이 빨라지거나 노화하므로 18℃ 이하가 좋다. 둘째, 자외선을 피한다. 자외선은 물론이고 형광등 빛도 착색이나 냄새를 유발하므로 신문지에 싸서 냉암소에 보관하고 습기에 약하므로 물기가 있는 곳에는 두지 않는 것이 좋다. 불안정하게 흔들리면 숙성이 빨라져 노화되기 쉬우므로 뉘여서 보관하지 말고 세워서 보관하는 것이 좋다. 원래 술이 들어 있던 상자[110]가 있는 경우라면 버리지 말고 그대로 넣어서 보관한다.

니혼슈는 아주 섬세한 술이라서 단 몇 시간이라도 햇빛에 노출되면 급격히 노화되면서 색이 진해지는 경우가 있다. 이러한 품질 노화로 인해 빙카(瓶香, 병에 오랫동안 넣어두었을 때 생기는 냄새) 혹은 닛코슈(日光臭, 니혼슈가 장기간 햇빛에 노출되었을 때 생기는 냄새)라는 냄새가 생긴다. 형광등에 노출되어도 마찬가지다. 니혼슈에 포함되어 있는 비타민 등의 유기화합물이 자외선의 영향으로 변하여 일어나는 현상이다. 햇빛에 노출되지 않아도 30℃ 이상의 고온에 장시간 방치해도 마찬가지이다. 주질의 노화를 막기 위해서 니혼슈의 병은 검정색·갈색·녹색 등이 많이 사용된다. 이렇게 색깔이 있는 병은 투명한 병에 비해 자외선 투과가 어렵다.

〈표 7-2〉 니혼슈(나마자케)의 보존기간

술의 종류	개봉 전	개봉 후
히이레(火入れ, 열처리 2회)	상온에서 1년	상온에서 2~3개월
혼나마(本生, 열처리 없음)	냉장고에서 1개월	냉장고에서 1주일
나마초조슈 (生貯藏酒, 병에 넣기 전 열처리)	냉장고에서 2~3개월	냉장고에서 1주일
나마즈메슈 (生詰め酒, 저장 전 열처리)	냉장고에서 1~1.5개월	냉장고에서 1주일

햇빛을 막는 것은 검정색 병이 가장 좋고 다음이 갈색, 녹색의 순
서이다. 요즘은 투명하지만 자외선 차단이 되는 병을 사용하는 경
우도 있다. 그리고 나마자케(生酒)의 경우는 보존기간이 매우 짧고
보존에 유의해야 한다.

표 7-2를 보면 열처리를 전혀 하지 않은 것과 열처리를 한 것
의 유통기한에 확연한 차이가 있는 것을 알 수 있다. 대부분의 한
국사람들은 니혼슈를 선물 받았을 때 위스키를 선물 받았을 때와
마찬가지 보관을 하는 경우가 많기 때문에 니혼슈의 맛에 실망하
는 경우가 많다. 혼나마를 선물받아 상온에 몇 년씩 방치 했다가
마신다는 것은 갓 따온 싱싱한 과일이 썩기를 기다렸다가 먹는 것
이나 마찬가지이다. 그래도 라벨에 대한 약간의 지식만 있다면 그
런 실수를 범하지 않을 수 있으니 다행이다.

2. 니혼슈의 온도와 맛

니혼슈는 마시는 방법에 따라 데워 마시는 칸자케(燗酒), 실온 상태에서 먹는 히야(冷や), 냉장고에서 차갑게 해서 마시는 레이슈(冷酒)가 있다. 일반적으로 저렴한 술은 데워 먹으면 된다고 하지만 데우면 감추어졌던 맛이 나타나므로 좋은 술은 더 맛있어지고

〈표 7-3〉 니혼슈의 맛이 풍부해지는 온도

온도	술의 명칭	특징
5℃	유키비에 (雪冷え)	병에 결로가 생길 정도, 얼음물에 채워 더 차갑게 먹는데 향을 거의 못 느낀다.
10℃	하나비에 (花冷え)	냉장고에 수시간 보관하여 만지면 확실히 차갑다. 향은 약하나 매끄러운 맛이다.
15℃	스즈비에 (凉冷え)	냉장 상태에서 꺼내어 잠시 방치한 온도로 손에 쥐면 차갑다는 느낌이 든다. 화려한 향과 부드러운 맛이다.
20℃	조온 (常温)	냉장하지 않은 상온으로 향과 맛이 부드럽다. 니혼슈 본래의 맛을 가장 잘 느낄 수 있으므로 우선 이 온도로 맛을 보는 것이 좋다.
30℃	히나타칸 (日向燗)	사람 체온보다 약간 낮은 온도로 차갑지도 뜨겁지도 않은 정도이다. 향이 나며 매끄러운 맛이다.
35℃	히토하다칸 (人肌燗)	사람 체온과 비슷한 온도지만 도쿠리(德利)를 쥐어 보면 체온보다 약간 낮다고 느껴지며 쌀의 향이 느껴진다.
40℃	누루칸 (ぬる燗)	체온과 같거나 조금 높은 온도로 데워 먹어서 맛있는 술은 이 온도가 좋다. 탄력적인 맛이 난다.
45℃	조칸 (上燗)	도쿠리를 쥐면 따뜻함이 느껴진다. 따르면 김이 나며 탄력 있으면서 팽팽한 맛이다.
50℃	아츠칸 (熱燗)	도쿠리에서 김이 나며 보는 것으로도 뜨거운 것이 느껴진다. 맛이 확실해지면서 날카롭다.
55℃	도비키리칸 (飛び切り燗)	도쿠리를 쥐면 손가락이 뜨겁다. 향이 강해지며 코에 자극감이 오며 맛은 가라구치(辛口)로 호불호가 갈린다.

안 좋은 술은 더 맛없게 된다. 저렴한 술의 경우에는 실온과 같은 온도의 히야로 마시는 것이 가장 좋다. 그런데 이 실온과 같은 온도로 먹는 히야는 '냉'(冷)이라는 한자 때문에 오해하기 쉽지만 20℃ 정도의 온도이다.

니혼슈는 여러 가지 온도로 즐길 수 있는 반면 온도에 섬세한 변화를 보이기 때문에 5℃만 달라도 완전히 다른 맛으로 변하는 술이다. 니혼슈는 실온 상태에서 먹는 것이 본래의 맛을 가장 잘 느낄 수 있다. 그런데 한국에서는 모든 니혼슈는 뜨겁거나 아주 차갑게 먹어야 된다는 생각이 강하여 차갑게 냉장한 니혼슈를 마시고 나서 아무 맛과 향이 없다고 하는 경우가 많은데 아쉬운 점이다. 니혼슈는 온도에 따라 술맛도 변하지만 술을 부르는 이름도 달라진다.

뜨겁게 데워서 먹는 술은 오칸(お燗)이라고 하는데, 말린 복어 지느러미를 구워서 넣은 것을 히레자케(ヒレ酒)라고 한다. 옥돔의 지느러미를 사용하기도 한다. 히레자케는 가게마다 약간의 차이는 있지만 불을 붙여 알코올을 날리거나 불을 붙이지 않는 차이로, 마시는 사람의 취향이다. 술 1홉(合)[111]에 넣기 적당한 지느러미는 3cm쯤의 길이로 두께감이 있는 것 2개 정도면 된다. 구울 때는 좀 탄다 싶을 정도로 확실하게 구워야 비린내가 안 난다. 술의 온도가 60℃ 이하이면 비린내가 날 수 있으므로 75~80℃ 정도의 초아츠칸(超熱燗)이 좋다. 히레자케는 찻잔에 구운 지느러미를 넣고 뚜껑을 덮은 후 3~5분쯤 놓아 둔 후에 지느러미를 빼내어도 좋고 그대로 두고 먹어도 좋다.

그 외에 호네자케(骨酒)라는 것이 있다. 구운 옥돔의 뼈를 불에 그슬려 아츠칸(熱燗)을 붓는다. 옥돔 외에 광어·도미 등도 사용한다. 곤들매기 같은 민물고기는 한 마리를 통째로 잘 구워 큰 그릇에 넣고 아츠칸을 부으면 호네자케가 된다. 일반적으로 산천어·피라미·은어 등 민물고기가 사용되지만 구울 때 소금을 뿌리면 안 된다. 복어의 지느러미와 마찬가지로 잘 구워서 초아츠칸을 부으면 비린내가 나지 않는다.

술을 데워 먹은 것은 나라(奈良) 시대부터이며 헤이안(平安) 시대에는 귀족사회에 퍼졌다. 일반 대중에게 퍼진 것은 에도 시대 중기 이후부터이다. 일본은 사계절의 풍정에 술을 연관시키는 문화가 있어 계절마다의 풍정을 즐기는 아소비자케(遊び酒)[112]의 풍습이 옛날부터 있었다. 아소비자케는 일본의 풍물을 숭상하는 사람과 자연과의 다리 역할을 하였다.

봄(3~5월)에는 하나미자케(花見酒)로 꽃구경을 하면서 먹는 술이다. 음력 3월 3일은 모모노세쿠(桃の節句)[113]라고 해서 불로장수를 기원하고 백세까지 장수하도록 도화주(桃花酒)를 먹는 풍습도 있다. 음력 5월 5일은 단고노세쿠로(端午の節句)로 창포주(菖蒲酒)를 마시고 창포탕을 한다. 여름(6~8월)에는 마츠리자케(祭り酒)로 불꽃놀이를 하면서 먹는 술이다.

가을(9~11월)은 츠키미자케(月見酒)로 달구경을 하면서 먹는 술이다. 음력 9월 9일에는 초요노세쿠(重陽の節句)로 마시면 장수한다는 국화주를 마시고 장수를 기원한다. 이때부터 3월의 모모노셋쿠까지 니혼슈는 오칸(お燗), 즉 데운 술로 마시는 것이 정식이라고 한다.

겨울(12~2월)은 유키미자케(雪見酒)로 눈 내린 풍경을 즐기면서 먹는 술이다. 1월 1일에는 토소(屠蘇)[114]로 담근 약주(藥酒)를 마시고 지난해의 나쁜 것을 씻어내고 연명을 기원한다.

3. 니혼슈와 어울리는 술잔과 안주

니혼슈용 주기(酒器), 즉 술잔은 아주 다양한 크기와 종류가 있다. 술의 종류나 맛은 물론이고 계절이나 상황에 맞춰 여러 가지 술잔을 선택한다. 요즘 한국에서도 막걸리를 와인 잔에 마시는 것처럼 니혼슈도 와인 잔에 많이 마신다. 그래도 사카즈키(盃)라고 하는 작은 술잔이 가장 일반적이다. 같은 사이즈라도 오칸(お燗, 데운 술)을 마실 때의 잔은 초코(猪口)라고 한다. 도쿠리[115]는 초시(銚子)라고도 하는데 도쿠리 양쪽에 따르는 홈이 있는 것을 모로구치(諸口), 한 쪽만 있는 것을 가타구치(片口)라고 한다.

니혼슈와 어울리는 안주는 보통 그 술의 원산지에서 가까운 바다나 산에서 나는 특산물이 좋다. 산지에 상관없이 어울리는 것이 알 종류이다. 어란은 물론이고 계란도 아주 잘 어울린다. 젓갈류

[그림 7-2] 니혼슈용 술잔

도 상성이 좋은 편이며 요즘에는 치즈도 잘 어울리는 안주로 꼽힌다. 니혼슈의 안주는 사시미라는 편견은 버려도 좋다. 요즘은 양식을 안주 삼아 니혼슈를 마시는 경우도 많은 편이다. 정말 술을 좋아하는 사람 중에는 소금을 니혼슈의 안주로 먹는 사람이 있다. 솔티독이라는 칵테일도 있고 데킬라도 소금을 안주로 삼으니 별로 신기한 일도 아니다.

천일염의 결정(結晶)은 미네랄과 함께 단맛을 포함하고 있어 술과 잘 어울린다. 소금을 안주로 먹을 때는 마스(枡)에다가 먹는 것이 멋스럽다. 마스의 평평한 부분에 마실 때 입술이 닿을 정도의 위치에 소금을 조금 올려놓고 마신다(그림 7-3 참조).

이렇게 마시는 것은 현관 앞에 모리시오(盛り塩)[116]를 놓는 것처럼 악귀를 좇아내고 운을 불러들이는 의미도 있다. 신에게 바치는 술인 니혼슈와 나쁜 기운을 없애는 소금은 신성한 조합이라는 생각을 하는 것이다.

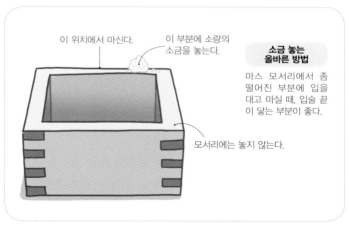

이 위치에서 마신다.

이 부분에 소량의 소금을 놓는다.

소금 놓는 올바른 방법

마스 모서리에서 좀 떨어진 부분에 입을 대고 마실 때, 입술 끝이 닿는 부분이 좋다.

모서리에는 놓지 않는다.

[그림 7-3] 마스에 소금을 올려놓는 위치

4. 주도를 알아야 진정 애주가

예로부터 다도(茶道)와 화도(華道)[117]처럼 주도(酒道)가 있어서 겐빠이(獻杯)[118]나 헨빠이(返杯),[119] 술 따르는 법 등 정해진 양식이 있었다. 지금은 술자리는 전적으로 즐기는 것이 되어 딱딱함은 없어졌으나 행동이 흐트러지지 않도록 하는 마음가짐이 중요하다.

작은 술잔에 한가득 술을 따라 입술을 뾰족하게 내밀어 마시거나 도쿠리에 술이 들어 있는지를 흔들어서 확인하는 등 흔히 하는 행동들이 주도로 보면 모두 문제가 있다. 술은 서로 주고받고 상대방에게 따르면서 분위기가 화기애애해진다. 그러나 무례한 술따르기는 모처럼의 자리를 엉망으로 만들 수도 있으므로 주의해야 한다. 술 따르는 법을 보면 먼저 따르는 사람의 매너가 있다.

이야기를 하면서 자연스럽게 상대방의 술잔을 확인한 후 3분의 1 정도가 되면 술을 권한다. 여성은 술병을 오른손으로 들고 왼손으로 밑쪽을 바쳐서 술잔의 8부 정도로 따른다. 남성은 오른손으로 따를 경우 오른손에 왼손을 더한다. 손바닥을 위로 하여 따르는 것은 상사(喪事)에서 하는 것이므로 조심해야 한다. 술잔이 계속 그대로 있을 때는 다른 음료를 권해 보는 것도 좋다. 테이블에 놓여 있는 잔에 그냥 술을 따르는 것은 실례이다. 권한 후에 상대방이 술잔을 들면 따른다.

받는 쪽의 매너로는 상대방이 술을 권했을 때는 술잔을 다 비우지 않더라도 한 모금 마신 후에 받는다. 여성은 잔의 측면을 오른손 엄지와 검지로 가볍게 잡고 왼손 손끝으로 잔 밑을 바친다. 남성은 기본적으로 한 손도 무방하다. 상대방이 술을 거의 다 따랐을 때 답례의 인사를 하고 상대방의 술잔이 비었으면 답례의 잔을 권한다.

옛날부터 이러한 주고받음 속에서 서로 상대방의 인간성을 알아가며 관계를 맺어갔다. 술을 받을 때는 꼭 잔을 들고 받아야 한다. 테이블에 놓은 채로 상대방이 따르도록 두는 것은 실례이다. 또 술잔을 받자마자 그대로 테이블에 놓는 것을 매너에 어긋난다. 한 모금 마시고 놓는다. 회식자리에서 술병을 들고 다른 자리로 이동하는 경우가 있는데, 이때는 이동한 자리의 테이블에 놓인 술로 권하거나 마신다. 그리고 술을 안 마신다는 표시로 술잔을 엎어놓는 경우가 있는데, 이것은 상대방에 대한 절교의 의미도 있다.

도쿠리는 속이 안 보이므로 다 마셨다는 표시로 도쿠리를 뉘여 놓거나 뒤집어 놓고, 또 술이 남았는지를 확인하기 위해 흔들거나 병 속을 들여다보는 경우가 있는데 이런 행동은 매너에 어긋난다. 또 남은 술을 한 병으로 합치는 것도 좋지 않은 행동이다.

술을 좋아하는 사람 또는 술이 센 사람을 일본어로는 조고(上戸)라고 하고 약한 사람이나 마시지 않는 사람을 게코(下戸)라고 한다. 이 말이 생긴 것은 진시황제가 함양궁[120]을 건축할 때 경비를 보는 망루를 조고(上戸), 아래쪽 대기실을 게코(下戸)라고 했는데, 망루 근무는 추위가 심해서 술이 필요했고 마시는 횟수가 거듭될수록 근무자들은 점점 술이 세졌기 때문이라고 한다. 와라이조고(笑い上戸)는 취하면 무턱대고 웃는 사람을 말하고, 나키조고(泣き上戸)는 취하면 우는 사람을 말한다. 이 역시 술자리의 민폐가 되겠다.

일본에서는 첨잔이 일반적이다. 아주 적은 양이라도 계속해서

― **t i p** ―

니혼슈 칵테일

니혼슈는 온도나 술잔으로 맛과 향, 분위기가 달라지는데 요즘에는 칵테일로 즐기기도 한다. 니혼슈가 아직 익숙하지 않거나 변화를 맛보고 싶을 때 한번쯤은 시도해 보는 것도 괜찮다. 사실 칵테일이라는 것은 정해진 것은 없다고 해도 과언이 아니다. 니혼슈 애호가 중에는 니혼슈끼리 섞어서 마시는 경우도 있고 니혼슈에 화이트와인을 섞는 경우도 있다.

• 탄산수 칵테일
니혼슈의 맛과 향은 즐기면서 탄산의 자극을 즐기고 싶을 경우. 샴페인글라스를 사용해도 멋지다.

• 사무라이 록
니혼슈 3에 라임주스 1. 라임의 산미가 니혼슈의 단맛을 잡아준다. '사케라임'이라고도 한다.

• 사케티니
드라이진(gin) 3에 니혼슈 1이 기본이나 취향에 따라 진의 양을 늘려도 좋다. 보통 칵테일글라스를 사용한다.

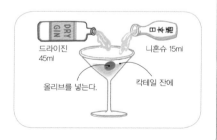

첨잔을 하는 경우가 대부분인데 이것은 상대방에 대한 관심의 표명이기도 하다. 일본 속담에 '사케와 우레이노 다마하하키'(酒はうれいの玉箒, 술은 근심을 쓸어담는 빗자루)라는 말이 있다. 적당한 음주는 스트레스 해소에 좋다는 의미임에 틀림없다.

니혼슈에 미조레슈(みぞれ酒, 진눈깨비 주)라는 것이 있다. 진눈깨비주 전용 냉동고에 진동이 없도록 −15℃까지 냉각시킨 후에 술을 따르면 작은 충격으로도 샤베트 상태가 된다. 한국의 슬러시 소주와 마찬가지이다. 소주 역시 소주 전용 냉동고에 넣어 두어야만 이러한 형태로 즐길 수 있다.

『一日江戸人』. 杉浦日向子. 新潮文庫. 2005.

『すし物語』. 宮尾しげを. 講談社 学術文庫. 2014.

『寿司ネタ図鑑』. 本田由紀子. 小学館. 1996.

『鮓·鮨·すし すしの辞典』. 吉野昇雄. 旭屋出版. 1990.

『すしの美味しい話』. 中山幹. 社会思想社. 1996.

『日本人は寿司のことを何も知らない』. 美しい日本の常識を再発見する会. 学習
　研究社. 2003.

『寿司やさんが書いた寿司の本』. 内田正. 三水社. 1988.

『回転スシ世界一周』. 玉村豊男. TaKaRa酒生活文化研究所. 2000.

『寿司屋のかみさんおいしい話』. 佐川芳枝. 講談社. 1996.

『寿司問答』. 嵐山光三朗. プレジデント社. 2002.

『日本の名酒事典』. 講談社. 2010.

『日本酒の知識蔵』. エイ出版社. 2009.

『極みの日本酒』. 洋泉社MOOK. 2017.

『dancyu合本日本酒』. プレジデント社. 2016.

『日本酒の教科書』. 木村克己. 新星出版社. 2010.

『蔵元を知って味わう日本酒事典』. 武者英三 監修. ナツメ. 2011.

『ゼロから始める日本酒入門』. 君嶋哲至. KADOKAWA. 2013.

『すしの技術』. 目黒秀信. 誠文堂新光社. 2013.

주 석

part 1. 스시 이야기

1 냉장고가 없던 시대에 동물성 단백질을 저장하기 위한 지혜로 생선이나 고기, 채소를 밥 속에 넣은 것을 무거운 돌로 눌러 놓거나 수년간 유산 발효시킨다. 생선의 저장 형태로서 의 나레즈시(馴れずし)는 동남아 여러 지역에서 나타나며, 중국의 사(鮓), 타이완 고사족의 토우메, 캄보디아의 팍(phaak), 타이의 프라하, 보르네오 이반족의 카사무(kassam)가 있다. 그 밖에도 라오스, 필리핀, 중국 남부 묘족의 음식에서도 보인다.

2 후나즈시(ふなずし)는 내장을 제거한 붕어를 소금에 3개월 정도 절인 후 소금기를 씻어내 고 밥을 채워서 큰 통에 넣어 1~2년 동안 발효시킨다. 발효가 끝나면 밥은 버리고 생선만 먹는다. 비와호(琵琶湖)의 고유 어종인 니고로부나(ニゴロブナ)를 활용한 향토 요리이다. 붕 어의 나레즈시라고 할 수 있다.

3 작은 가자미를 납작하게 썰어 소금에 절여 하룻밤 두었다가 건져 보자기에 싸서 무거운 것 으로 눌러 둔다. 조밥이나 멥쌀밥에 다진 마늘, 다진 생강, 굵은 고춧가루, 소금을 섞어 버 무린다. 항아리에 가자미를 한 켜 담고 버무린 밥을 덮고 켜켜로 담아 꼭 눌러 두고 삭힌 다. 좋은 냄새가 나고 가자미 살이 뼈에서 잘 떨어지게 되면 잘 익은 것이다. 함경도 지방 의 가자미식해는 조밥에 고춧가루를 넣어 만드는데, 강릉의 가자미식해(食醢)는 조밥 대신 에 멥쌀밥을 넣어 만든다. 멥쌀밥으로 만드는 것이 조밥으로 만든 것에 비해 훨씬 부드럽 다.

4 부산 · 김해 · 진주 지방의 토속 음식인 갈치식해는 삼국 시대로 거슬러 올라가는 오랜 전 통을 지니고 있다. 신라 시대부터 경남 기장 연안이 갈치 산지로 유명해 기장 갈치가 서라 벌(경주)로 진상됐다고 한다.

5 아테지(当て字)란 한자 본래의 뜻과는 관계없이 그 음이나 훈을 빌려서 어떤 말을 표기하 는 한자. 우리말의 이두(吏讀)와 같다.

6 스시(寿司)의 司는 츠카사도루[司(つかさど)る]로 직무를 맡아 담당하다는 뜻을 갖는다.

7 에도마에(江戸前)란 도쿄식(東京式) 또는 도쿄만(東京湾) 또는 도쿄 근방에서 잡히는 물고 기를 뜻함.

8 밥에 재료를 올려 쥐어서 만든 스시. 니기리(握り)는 '쥐다'라는 의미다. 하야즈시(早ずし)의

일종으로 에도마에즈시(江戸前寿司), 에도즈시(江戸ずし), 아즈마즈시(あずまずし)라고도 한다. 아즈마는 에도 지방을 뜻한다.

9 도쿄(東京)의 옛 이름.

10 에도 시대 중기에 편찬된 『니혼샤쿠묘(日本釈名)』와 『도우(東雅)』에 실려 있다는 설로 아라이하쿠세키(新井白石)가 최초로 주장했다고 함.

11 권10 「후야쿠료」(賦役令), ふやくりょう.

12 무로마치(室町) 시대는 아시카가다카우지(足利尊氏)가 개설한 무로마치 막부가 오다 노부나가(織田信長)에게 타도될 때까지의 시대(1336~1573년). 아즈치모모야마(安土桃山) 시대는 오다 노부나가와 도요토미 히데요시(豊臣秀吉)가 중앙정권을 수립한 시대(1573~1603년).

13 오사카 지방의 누름 초밥(네모난 나무틀에 재료를 밥에 얹어서 눌러 굳힌 후 적당한 크기로 자른 것). 오시(押し)는 누른다는 뜻. 하코즈시(箱寿司)라고도 함.

14 하코즈시는 누름초밥, 즉 오시즈시(押し寿司)를, 사바즈시(サバ寿司)는 고등어 누름초밥을 말한다. 고케라즈시(こけら寿司)는 생선살이나 채소 등을 밥 위에 얹어서 눌러 사각으로 자른 초밥으로 생선살이나 채소 등을 밥 위에 얹은 모양이 지붕을 이을 때 쓰는 얇은 널과 같아 붙여진 이름이다.

15 지금은 저렴한 것부터 비싼 것은 코스 요리도 있는 음식이 된 덴뿌라(天婦羅)는 원래 스시와 마찬가지로 노점에서 먹는 값싼 음식이었다. 주로 생선에 옷을 입혀 튀긴 것을 말하지만 오사카나 교토의 덴뿌라는 생선살을 갈아서 튀긴 것을 말한다. 포르투갈어 tempero가 어원이라는 설이 가장 유력하다.

16 도쿄에 있는 일본 최대의 고급스러운 번화가.

17 한 집안의 문장(紋章).

18 일본 전통적인 내실 바닥으로 등심초를 엮어 만들어 깐다.

19 호초시키(庖丁式, ほうちょうしき)라고 하여 헤이안 시대부터 전해지는 요리법으로 요리사가 행하는 의식으로 의복을 갖추고 큰 도마 앞에 앉아 식재료에 직접 손을 대지 않고 오른손에는 칼, 왼손에는 긴 젓가락으로 식재료를 나누는 것을 말한다. 이러한 이유로 에도 시대까지 요리는 앉아서 하는 것으로 인식되었다.

20 가이텐즈시 전문가인 야규큐베(柳生九兵衛)의 경험에 근거한 내용 참고.

21 스시 용어로 스시를 만들 때의 밥을 말한다. 불교에서 말하는 사리로, 화장하고 남은 사람 뼈를 닮아서 생겨났다고 한다.

22 네타는 스시 재료를 뜻하는 용어로, 재료를 뜻하는 타네(種)를 거꾸로 읽은 것이다.

23 경상도 · 전라도에서는 1.6kg, 서울 · 경기 · 강원에서는 0.8kg, 일본에서는 1.5kg이다.

24 이노신酸(inosinic acid) ; 5'-이노신산은 물고기의 살이나 짐승 고기 맛의 주성분이며, 물속에 사는 경골동물의 근육과 새나 짐승의 고기에 함유되어 있다.

25 간토(関東), 도후쿠(東北), 홋카이도(北海道)의 각 지방을 가리킨다.

26 간장에 유자즙을 섞은 것. 네덜란드어 pons.

27 호시(ほし)는 별이라는 뜻.

28 에도 시대까지는 무사나 학자는 성인식이나 출세(出世, しゅっせ)에 따라 이름을 바꾸는 습관이 있었다. 슛세우오라는 이름은 여기에서 유래되었다. 재수가 좋은 생선으로 여겨져 축하연이나 사업을 시작할 때 요리로 환영받는다.

29 일정 크기 이상 자라면 맛이 떨어지는 다른 생선에 비해 방어는 자랄수록 맛이 좋아지는데, 한국에서도 마찬가지로 성장에 따라 이름이 달라진다. 경북 영덕·울릉 등지에서는 10cm 내외는 떡메레미, 30cm 내외는 메레미 혹은 피미라 하고, 60cm 이상을 방어라고 부른다.

30 간토 지방에서는 이나다(イナダ), 도후쿠 지방에서는 후쿠라기(フクラギ)로 부른다.

31 일본어로 'トロットとする'(토롯토스루)라고 표현.

32 붉은 살 마구로.

33 메이지 시대는 1868〜1912년, 다이쇼시대는 1912〜1926년이다.

34 생선의 양쪽 살을 발라냈을 때 가운데 등뼈 부분에 붙은 살.

35 네기토로는 뼈 쪽에서 긁어낸, 지방을 많이 함유한 반죽 같은 마구로에 잘게 다진 파를 얹은 것으로, 군칸마키나 김초밥, 네기토로동(ネギトロ丼, 네기토로 덮밥) 등으로 먹는다.

36 전골요리(나베요리, 鍋料理)의 일종으로 파와 마구로를 간장, 술, 육수로 맛을 낸 국물에 끓여 먹는다.

37 표면만 살짝 익힌 가다랑어를 얇게 썰어 마늘, 파, 생강 등 양념을 얹어 먹는 음식.

38 간토 지방, 도쿄와 그 주변을 일컬음.

39 부리(鰤)에서 제철을 나타내는 '사'(師)를 쓰고 있는데, 시와스(師走)는 음력 섣달이나 양력 12월을 뜻하며 이 시와스(師走)의 한자 師를 취했다. 12월에 師走라는 한자를 쓴 이유는 점잖은 선생님도 뛰어다닐 만큼 바쁜 시기라는 의미이다.

40 순(旬)은 10일간을 의미한다. 상순(上旬), 중순(中旬), 하순(下旬)과 같이 한 달을 10일씩 나누어 표현하였다. 식품의 제철을 뜻하는 순(旬)도 원래는 그 식품이 가장 좋은 10일간의 시기를 의미한다

41 도쿄에 있는 지명. 에도 시대에 매립하여 생긴 곳인데, 어시장으로 유명하였으나 2018년 10월에 83년간의 영업을 종료하였다. 츠키지(築地)는 매립지라는 뜻이다.

42 아카즈(赤酢). 잘 숙성된 술지게미를 원료로 만든, 색이 진한 식초. 주로 스시에 사용.

43 시라즈(白酢). 시로우메즈(白梅酢, しろうめず)를 말함. 매실의 과육을 붉은 자소 잎을 넣어 소금으로 절인 국물, 매실식초.

44 케누키(毛抜き)는 족집게를 말한다.

45 밥 위에 반찬이 될 만한 재료를 얹고 뜨거운 녹차를 부어 먹는 음식.

46 이즈시는 유산발효를 시킨 나레즈시(なれずし)의 일종이다.

47 고모쿠메시(五目飯). 생선 · 고기 · 채소 등 여러 가지 재료를 섞어서 지은 밥.

48 바라즈시(ばら寿司). 잘게 자른 생선 · 채소 등을 밥과 섞어 놓은 것으로, 치라시즈시는 재료를 밥 위에 얹은 것. 바라즈시는 재료를 밥과 섞은 것이다. 간사이 지방에서는 바라스(ばらす)라는 말이 '폭로하다'라는 뜻이 있으나 건설현장에서 '해체하다'라는 의미로도 사용되는 데서 이름이 유래한다.

49 하야즈시(무ずし)의 하야(무)는 과정이 빠르다는 의미로, 식초를 넣어 산미가 있는 밥을 즉석에서 만든 것에서 유래한다.

50 스가타즈시(姿寿司)의 스가타(姿)는 모습을 뜻한다. 은어 · 고등어 등의 생선을 뼈와 내장을 걷어내고 밥을 넣어서 생선의 원래 모습대로 꾸며 놓은 스시를 말한다.

51 하코즈시(箱寿司). 상자초밥. 나무 누름틀에 밥과 생선을 넣어 만든 스시.

52 포르투갈어 bateira(작은 배)에서 유래.

53 후토마키(太巻き)의 후토(太)는 두껍다는 의미.

54 계절이 바뀌는 때. 입춘 · 입하 · 입추 · 입동의 전날. 특히 입춘 전날을 말함.

55 에호(恵方)는 음양도에서 그해의 간지(干支)에 따라 길하다고 정해진 방향을 말한다. 에호마키는 보통 7가지 재료를 넣고 마는 것이 일반적이다.

56 우라마키(裏巻き)의 우라(裏)는 안, 반대라는 의미이다.

57 테마키즈시(手巻き寿司)의 테(手)는 손.

58 스케로쿠(助六)는 가부키의 상연 목록 중 하나로 스케로쿠가 주인공이다.

59 츠마(ツマ)는 회에 곁들이는 것을 말한다. 비린내를 없애고 보기도 좋게 하여 식욕을 돋우는 역할을 한다. 또 와사비처럼 항균효과가 있는 것은 회를 상하지 않게 해 준다. 대표적인 것으로 와사비, 생강, 마늘, 무, 차조기잎, 여뀌, 갯방풍, 식용국화, 파세리, 레몬, 미역, 바닷말, 갈래곰보, 이삭꽃 등이 있다. 원래는 무는 켄(ケン), 해조류는 츠마(ツマ), 와사비는 카라미(辛み)라고 했으나 현재는 거의 구분이 없어져 모두 츠마라고 한다.

60 물 1 合 = 180ml = 180g, 쌀 1 合 = 180ml = 150g

61 캉(貫)은 스시의 세는 단위이나 개수가 아닌 분량을 나타내는 단위이다. 1캉에 해당하는 스시는 40~50g으로 보통 스시 2개 분량에 해당된다. 니기리즈시 2개를 1캉으로 계산하면 1개는 한캉(半貫, 반을 말함)이 된다. 그런데 생선이나 다른 재료의 크기로 판매를 하는 스시 가게에서는 1개를 1캉으로 계산했다. 여기서 잘못 정착되어 1개를 1캉으로 계산하는 가게가 늘어나면서 오늘날에는 스시 1개를 잇캉(一貫)으로 부르게 되었다.

62 이쿠라(イクラ)는 러시아어 ikura에서 옴.

63 1926년 12월 25일부터 1989년 1월 7일 사이의 일본의 연호.

64 칸표(カンピョウ)는 박고지로, 말린 박고지를 조려서 김초밥을 만든다.

65 오아이소[お愛想(あいそ)]는 손님에 대한 대접이라는 의미.

part 2. 사케 이야기

66 니혼슈란 통상 쌀과 누룩·물을 주원료로 하는 세이슈(淸酒)를 말한다. 보통 사케(酒)라고도 하나 주세법에 의한 정식 명칭은 세이슈이다. 사케는 니혼슈를 말하기도 하나 모든 술의 통칭으로도 사용된다.

67 「위지」(魏志)의 '왜인조'(倭人条)는 '조환선비동이전왜인조'(烏丸鮮卑東夷伝倭人条)의 약칭이다. 당시 일본열도에 있었던 민족, 즉 일본인의 습관이나 풍속, 지리 등이 쓰여 있다.

68 「만요슈」(万葉集)는 7세기 후반~8세기 후반에 편찬된 현존 최고(最古)의 일본 와카집(和歌集)이다. 천황과 귀족은 물론 하급관리, 병사 등 다양한 신분의 사람들이 읊은 4,500수 이상을 모은 노래집으로 성립은 759년 이후로 보인다.

69 니고리자케(濁酒)는 거르지 않은 술을 결이 고운 천으로 가볍게 거른 술로 활성청주(活性淸酒)라고도 한다.

70 효고현(兵庫県)의 나다(灘), 교토부(京都府)의 후시미(伏見), 히로시마현(広島県)의 사이죠(西条)를 일본 3대 양조장이라고 한다.

71 쌀을 60% 이하로 정미하여 저온에서 천천히 양조한 술. 제2장에서 다룬다.

72 1937년 중일전쟁에 쌀과 술이 군수물자로 충당되면서 질 좋은 술이 없어졌다. 1938년에 일본 정부는 주조미(酒造米)를 200만 석 삭감하여 니혼슈 생산이 반으로 줄었고, 1941년 태평양전쟁의 발발로 쌀 부족이 심각해지자 쌀 배급제가 도입되었다. 1943년에는 니혼슈의 원료에 알코올을 첨가할 수 있도록 주세법이 개정되었고 술도 배급제로 전환되었다.

73 오제키주식회사(大関株式会社)가 1964년에 발매한 니혼슈로, 용량은 1홉(180㎖), 고푸자케(カップ酒)로서 처음 발매된 제품으로 'ONE CUP ワンカップ'라는 이름으로 알려져 있다.

74 술을 담그는 쌀을 사케마이(酒米)라고 하는데, 그 중에서 비교적 입자가 크고 심백이 있는 특별한 쌀은 산지와 상표가 지정되어 있어 주조호적미(酒造好適米)라고 한다. 술 담그기에 최적의 쌀을 말하며 야마다니시키(山田錦) 외에도 오마치(雄町), 고햐쿠만고쿠(五百万石), 미야마니시키(美山錦), 아키타사케고마치(秋田酒こまち), 긴푸(吟風), 구라노하나(蔵の花), 고시탄레이(越淡麗), 핫탄니시키이치고(八反錦一号), 하나후부키(華吹雪), 히토고고치(ひとごこち), 효고유메니시키(兵庫夢錦), 다카누니시키(たかね錦), 데와산산(出羽燦々), 긴깅카(吟ぎんか), 신리키(神力) 등이 있다.

75 정미비율이 70~50%까지 고도의 정미가 이루어지므로 이에 견딜 수 있는 균일하고 큰 입자를 가졌다.

76 최근에는 야마가타현의 '데와산산'(出羽燦々), 시마네현의 '카미노마이'(神の舞), 이와테현의 '긴깅가'(吟ぎんが)가 유명하다. 이와는 반대로 옛날의 사케마이를 부활시키려고 노력하는 양조장도 있어서 니가타현의 기요이즈미(淸泉)에 사용된 쌀인 '가메노오'(亀の尾), 아오모리

현의 덴슈(田酒)에 사용된 쌀인 '고조니시키'(古城錦), 야마가타현의 요네츠루(米鶴)에 사용된 쌀인 '깃스이'(亀粋) 등이 있다.

77 맛있는 니혼슈를 만들기 위해서는 거르지 않은 술 속에 우량한 효모균이 있어야 한다. 그 효모균을 늘리는 공정을 주모 또는 모토(酛)라고 한다

78 만들어진 누룩은 하츠조에(初添え)용 누룩, 나카조에(仲添え)용 누룩, 도메조에(留添え)용 누룩, 주모용 누룩 4가지로 분류한다.

79 가이보(櫂棒)는 길이에 따라 오가이(大櫂, 약 2.3m), 산쟈쿠가이(三尺櫂, 약 1.8m). 모토가이(もと櫂, 약 1.5m) 등이 있다.

80 기계로 씻는 경우가 대부분이나 고급주의 경우는 수작업으로 이루어진다.

81 쌀의 품종이나 정미비율에 따라 물의 흡수율이 다르므로 초 단위로 이루어지는, 의외로 섬세한 작업이다.

82 가장 이상적인 찐 쌀은 겉은 단단하고 안은 부드러운 외경내연(外硬內軟) 상태라고 한다. 이 상태가 누룩을 만들 때 균사가 골고루 퍼진 누룩이 되기 쉽고 그 후 술을 거르기 전에도 좋은 상태로 발효가 진행된다고 한다.

83 야스미(休み)는 '쉬다'라는 의미.

84 오도리(踊り)는 '춤추다'라는 의미.

85 거르기만 하고 가열에 의한 살균처리를 하지 않은 술.

86 그해에 양조한 것으로 살균을 위해 가열하기 전의 청주.

87 히야(冷や), 히에(冷え) 모두 차갑다는 의미가 있다.

88 와리미즈(割り水)는 가수조정(加水調整)을 말하는데, 와리(割り)에는 나눈다는 뜻이 있다.

89 긴조슈 계통의 긴조슈, 준마이긴조슈, 다이긴조슈, 준마이긴조슈에서 나는 특유의 과일 향을 말한다.

90 술에 포함되어 있는 에틸알코올, 즉 양조 알코올의 비율을 나타낸 것.

91 가라구치(辛口)는 독하다 혹은 톡 쏘는 맛이라고 할 수 있다. 이 가라구치를 카레 등의 음식에서 사용할 때는 '맵다'는 뜻이다. 음식에서의 가라구치는 hot이고 술에서의 가라구치는 dry로 표현한다. 그 외에도 부정적인 강한 평판이나 독설도 가라구치라고 하며 사람의 성격을 말하기도 한다.

92 니혼슈의 맛이 산뜻하여 특이한 맛과 향이 없는 것. 당도와 산미(酸味)가 적은 것을 말한다.

93 니혼슈의 향미 성분은 약 700종이나 있다고 한다. 와인이 600종인 것을 생각하면 니혼슈는 정말로 복잡한 맛을 가진 술임을 알 수 있다.

94 포도당 등의 당분에서 느껴지는 맛이다. 니혼슈는 쌀이 원료이기 때문에 꼭 갖고 있는 맛이다.

95 산미의 밸런스에 따라 마셨을 때 단맛을 느끼거나 독하게 느껴지거나 한다. 신맛하고는 좀 다르다.

96 알코올 도수가 높으면 통상적으로 가라구치로 느껴진다.

97 혀에 다소 자극이 있는 감각으로 적당한 씁쓸한 맛은 맛에 깊이를 더해 준다.

98 독한 맛과 감각적으로는 비슷하다. 산과 알코올이 강하면 떫은맛을 느끼기 쉽다.

99 노준(濃醇)이란 니혼슈의 맛과 입에서의 감촉이 깊고 확실하며 감칠맛이 있는 것을 말한다. 당도와 산미가 높다. 탄레이(淡麗)와는 반대의 맛이라고 할 수 있다.

100 니혼슈를 살균하거나 숙성을 멈추게 하기 위해서 가열하는 것.

101 고이즈미(小泉) 정권 때 도입된 구조개혁특별구역.

102 전국적으로 일곱 군데 정도이다. 모두 신사(神社)에서 개최된다.

103 가가미비라키(鏡開き)는 원래는 술이 아니라 정월에 신이나 부처에게 공양한 가가미모치 (鏡餅, 가가미떡)를 나누어 먹는 일본의 연중행사이다. 신에게 감사하고 또 공양한 것을 먹음으로써 무병장수를 빌었다.

104 체적을 재는 계량기이나 니혼슈를 마시기 위한 사카마스(酒枡) 등과 같이 계량을 목적으로 하지 않는 것도 있다.

105 효고현(兵庫縣) 남부에 위치.

106 색에 영향을 주는 요인은 산화, 숙성, 여과, 저장용기, 노화에 의한 변질 등이 있는데 이것을 투명도, 색조, 점성으로 판단한다.

107 일반적으로는 전년도에 만들어진 니혼슈를 말하나 코슈(古酒)로 출하되는 것은 3년, 5년, 10년으로 장기 숙성시킨 것이 많다.

108 BY(Brewery Year)는 주조연도로 니혼슈 업계의 독자적인 연도 구분을 말한다.

109 니혼슈의 제조연월은 매년 7월부터 다음해 6월까지로 정해져 있다. 이 기간 안에 출하되는 술을 말한다.

110 게쇼바코(化粧箱)라고 한다.

111 니혼슈의 양을 세는 방법. 1 勺=18㎖, 1 合=180㎖, 1 升=1800㎖(1.8ℓ), 1 斗=18ℓ, 1 石= 180ℓ

112 놀면서 즐기면서 마시는 술.

113 셋쿠(節句): 다섯 명절 또는 그날. 진지츠(人日) 1월 7일, 조우시(上巳) 3월 3일, 단고(端午) 5월 5일, 다나바타(七夕) 7월 7일, 초요(重陽) 9월 9일 등이나. 현재는 3월 3일의 모모노셋쿠 (桃の節句)와 5월 5일의 단고노셋쿠로(端午の節句)를 가리킨다.

114 산초ㆍ길경ㆍ육계 등의 약초를 조합한 것으로 도소산(屠蘇散)이라고도 한다.

115 도쿠리는 목이 가늘고 아랫부분이 둥그렇게 부푼 모양의 용기로, 오늘날에는 주로 니혼슈를 담는 데 사용된다.

116 모리시오(盛り塩)는 접시에 소금을 단단하게 굳히는 도구를 사용하여 삼각원추형으로 혹은 원추형으로 쌓아서 현관 앞이나 집안에 놓는 풍습이다. 주로 운을 불러들이고 액막이나 악귀를 좇는 의미를 갖는다.

117 꽃꽂이. 花道라고도 한다.

118 상대에게 경의를 표하며 술잔을 권하는 것을 말한다.

119 받은 잔을 마시고 그 사람에게 잔을 권하는 것을 말한다.

120 만리장성이라는 설도 있음.